文明互鉴文库
初识中华文化基因丛书

陆海书系
LANDSEA

中希文明互鉴中心
西南大学汉语言文献研究所 组编

金科玉律

地下出土的简帛法制文书

李明晓 著

西南大学出版社
国家一级出版社 全国百佳图书出版单位

图书在版编目(CIP)数据

金科玉律：地下出土的简帛法制文书 / 李明晓著. -- 重庆：西南大学出版社，2025.1
ISBN 978-7-5697-2299-4

Ⅰ.①金… Ⅱ.①李… Ⅲ.①法制史—研究—中国—古代②法律—文献—中国—古代 Ⅳ.①D929.32

中国国家版本馆CIP数据核字(2024)第028966号

金科玉律：地下出土的简帛法制文书
JINKE YULÜ: DIXIA CHUTU DE JIANBO FAZHI WENSHU

李明晓 著

责任编辑：	段小佳
责任校对：	曾庆军
装帧设计：	殳十堂_未 氓
排　　版：	夏 洁
出版发行：	西南大学出版社（原西南师范大学出版社）
	地址：重庆市北碚区天生路2号
	邮编：400715
经　　销：	全国新华书店
印　　刷：	重庆升光电力印务有限公司
成品尺寸：	145 mm × 210 mm
印　　张：	6.75
字　　数：	157千字
版　　次：	2025年1月　第1版
印　　次：	2025年1月　第1次印刷
书　　号：	ISBN 978-7-5697-2299-4
定　　价：	39.00元

"文明互鉴文库"编辑委员会

主 任

崔延强

委 员（按姓氏笔画排列）

王本朝　王牧华　文　旭　邹芙都　张发钧
孟蓬生　赵国壮　徐松岩　郭美云　冀开运

丛书序

崔延强

在人类文明的浩瀚星空中,有两颗璀璨的明星,一颗在东方,一颗在西方,相映成趣,熠熠生辉。在东方的叫作中华文明,在西方的叫作希腊文明。中希两大文明以同样深厚的文化底蕴和特色鲜明的文化基因,为人类文明的发展做出了不朽的贡献。

不同文明的交流互鉴是推动人类文明进步和世界和平发展的重要动力。中希两大文明的交流互鉴,乃至于后续即将开展的中西文明互鉴,对于保持人类文明的多样性和构建人类命运共同体具有重要意义。为了让更多的人了解五千年的中华文明史并感受中华文化的独特魅力,深入推进中希文明交流互鉴,我们特别推出"初识中华文化基因"丛书,作为"文明互鉴文库"的一个系列。该丛书还得到中共重庆市委宣传部的大力支持,并收录于"陆海书系",在此表示诚挚的感谢!

丛书首批共有七册,内容围绕文字本体、文字的物质载体、书法艺术、文字的文化内涵展开,涵盖了甲骨占卜材料、青铜器及其铭文、简帛文献、出土秦汉法律文书、简帛数术文化、石刻书法艺术和纳西哥巴文等多个方面。这些内容不仅是对中国传统文化的深入挖掘,更是对中华文化基因的细致解读。

在甲骨占卜材料中,我们将带您领略古人如何借助神秘的龟甲兽骨来探寻天地之间的奥秘;在青铜器及其铭文中,我们将揭示那些精美的青铜器背后所蕴含的历史沧桑;在简帛文献中,我们将带您穿越时空,感受古人的智慧与才情;在出土秦汉法律文书中,我们将解读那些千年前的法律文书所揭示的社会风貌;在简帛数术文化中,我们将揭示古人如何运用数术来认识世界、预测未来;在石刻书法艺术中,我们将带您欣赏那些刻在石头上的书法艺术,感受中华文字的魅力与力量。此外,我们还将对纳西哥巴文进行概述和研究,探讨这一古老的纳西族文字与汉族文化的交流与融合。

这套丛书的内容深入浅出,语言通俗明快,适合国内各个年龄层次的读者,也适合国外研究汉学的专家和学习汉语的外国留学生。无论您是文化爱好者、历史研究者,还是对中华文化感兴趣的普通读者,都能够在这套丛书中找到属于自己的乐趣并有所收获。

我们期待这套丛书能够成为中希文明互鉴的一座桥梁,促进不同文化之间的交流与融合,推动人类文明的共同进步和世界的和平发展。

让我们从这套丛书开始共同踏上探寻中华文化基因的旅程吧!

前言

简牍帛书法律文献的主要内容为律令、法律解释、案例汇编、散见案件、司法文书、司法档案及官箴吏训。①

简牍法律史料的出土，是当时政治史的写真，改变了法律史的研究现状，同时对历史研究的各个领域都提供了重要的参考价值。②目前出土数量较多的有湖北云梦睡虎地秦墓竹简(1975③)、湖北荆州包山楚简(1987)、湖北云梦龙岗秦简(1989)、湖南长沙走马楼三国吴简(1996)、湖南长沙岳麓书院藏秦简(2007)、湖北江陵张家山M247号汉墓竹简(1983)、湖北江陵张家山M336号汉墓竹简(1988)、湖北云梦睡虎地M77号墓汉简(2006)、湖南长沙走马楼西汉简牍(2003)、湖南长沙五一广场东汉简(2010)、湖南益阳兔子山遗址简牍(2013)、湖

---

① 徐世虹:《出土简牍法律文献的定名、性质与类别》,《古代文明》2017年第3期,第78页。
② 李均明:《简牍法律史料概说》,《中国史研究》2005年增刊,第63-74页。另见氏著《简牍法制论稿》,桂林:广西师范大学出版社,2011年,第1-16页。
③ 指简牍出土时间,下同。

北荆州胡家草场墓地西汉简牍(2018)。

散见简帛法律文献有居延汉简(旧简1927—1930、新简1972—1982)、敦煌汉简(1906—1944、1977—1988)、甘肃金塔肩水金关汉简(1930—1931，1973)、甘肃武威《王杖十简》(1959)、甘肃天水市甘谷县刘家屲(wā)坪汉简(1971)、湖北江陵凤凰山汉简(1973—1975)、江苏连云港花果山云台汉墓简牍(1978)、青海大通上孙家寨汉简(1978)、四川青川郝家坪秦木牍(1979—1980)、甘肃武威《王杖诏书令》(1981)、江苏扬州仪征胥浦汉简(1984)、甘肃酒泉金塔县地湾汉简(1986)、湖南张家界古人堤汉简(1987)、甘肃武威旱滩坡律令汉简(1989)、湖北荆州江陵砖瓦厂M370出土楚简(1992)、湖北荆州王家台秦简《效律》(1993)、江苏连云港尹湾汉墓简牍(1993)、湖南龙山里耶秦简(2002)、甘肃敦煌悬泉汉简(1990—1992)、甘肃敦煌玉门关汉简(1998)、内蒙古额济纳汉简(1999—2002)、湖北荆州印台汉简(2002—2004)、湖南长沙东牌楼东汉简牍(2004)、湖北荆州纪南松柏汉墓简牍(2004)、湖北荆州黄山M576号秦墓出土木觚(2004)、广东广州南越国官署遗址木简(2004—2005)、甘肃临泽西晋简牍(2010)、四川成都天回镇老官山汉墓简牍(2012—2013)、江苏扬州蜀秀河1号西汉墓出土西汉广陵王豢狗奏疏木牍(2015)、湖南长沙尚德街东汉简牍(2016)、四川达州渠县城坝遗址出土西汉爰书简(2018)、云南晋宁河泊所遗址出土汉代简牍(2022)等。

以上简帛的主要来源有五，即边境出土文书，墓葬出土随葬品,井窖遗址、灰坑地层出土档案,以及近年来一些高校的入藏品。前四种皆为通过科学考古发掘而发现,后一种则是通过购买或捐赠获得。

书写法律文献的竹木简册虽无固定长度,但"三尺律令"较多,最短的有一尺,最长的达80多厘米,胡平生先生就此指出:"我们怀疑,与前文所说的历谱的情况相似,律令册大概也有几种性质不尽相同的'版本',一种是中央政府所直接颁布下达的律令册,长三尺;一种是郡国以下各级官府或个人转发或为了使用的方便根据前者抄录的册书,长度与一般文书简册相同。武威所出汉律令简长均23厘米许,只有一尺,将诏令与案例混抄混编,甚至将律文摘录、割裂,证明民间对法律注重实际的运用,而简册之制并非不可改变。"① 简牍的长度和使用者的身份尊卑、书写内容的性质都有关系,并无统一的规格。

---

① 胡平生:《简牍制度新探》,《文物》2000年第3期,第72页。

凡例

一、因本书是普及性读物,主要章节结构由点到线进行专题描述,不求面面俱到。

二、简帛材料依据的底本主要为整理报告,首次引用时均有注明。

三、简帛释文原则上采用原整理者发表时的编号与顺序,个别地方依据学术界相关研究成果作了若干订正。

四、为行文方便和阅读便利,引用简帛材料时释文没有严格隶定,多使用通行字。个别之处为避免引起争议,而使用原简中的隶定字形,并在其后注明通行字。

五、本书所引简帛材料释文除标明简号外,还按惯例使用以下通行符号:

( ),表示前一字是通假字、异体字、俗字等;

【 】,表示补出残缺字;

〈 〉,表示改正讹误字;

□,表示无法补出的残缺字;

☐,表示残缺字字数无法确定者。

六、在论述观点时主要采用已经形成共识的说法,没有特别注明出处,希请谅解。对于有争议性的问题,或从一说,或出己见。

七、本文资料(包括整理报告及相关研究成果),一般截至2023年8月。

目录

第一编　道法自然：简帛律令的深层次解读 / 001
一、天人合一：秦汉简帛《田律》中的自然生态意识 / 003

二、天网恢恢，疏而不漏：秦汉简帛中的通缉令 / 011

三、老有所养：秦汉简帛中的社会保障法规 / 019

四、烽火连天：汉代简牍中的军事法令 / 033

五、防患未然：秦汉简帛中的传染病防治 / 041

第二编　铁腕治国：简帛法律文献中的司法调查与案件处理 / 047
一、天涯海角，无处可遁：简帛法律文献中的侦查手段与断定原则 / 049

二、一波三折：简帛法律文献中的案件调查过程 / 065

三、狼狈为奸，沆瀣一气：简帛法律文献中的共同犯罪案 / 069

四、昭雪天下：秦汉简帛文献中的冤案处理 / 080

五、铁腕治贪：简帛法律文献中的贪污案解析 / 084

六、欠债还钱，天经地义：简帛法律文献中的债务文书 / 104

第三编　如鼓琴瑟：简牍法律文献所反映的秦汉婚姻家庭问题 / 121

一、父权至上：秦汉简帛律令中的父亲角色 / 123

二、所谓伊人，在水一方：秦汉简帛案例中的女子形象 / 130

第四编　日月昭昭：简帛法律文献中的官员考核与犯罪处理 / 143

一、勿以恶小而为之：秦汉简牍中的为吏之道 / 145

二、雷霆万钧：秦汉简帛法律文献中的官员犯罪处理 / 149

第五编　以人为本：简帛法制文书的人文精神 / 163

一、天地可鉴：简帛契约考察 / 165

二、亲情如水，和为贵：简帛中的亲属争夺财产案 / 182

三、地下有知：汉代简牍中的告地书 / 193

结　语 / 199

第一编

道法自然

简帛律令的深层次解读

一、天人合一：
秦汉简帛《田律》中的自然生态意识

《田律》是关于农田管理和生产的法律规定。《田律》在岳麓书院藏秦简[肆]、睡虎地秦简、龙岗秦简、青川秦木牍、张家山汉简[247号墓]、武威旱滩坡汉简等都有，但内容详略不同，偏重亦有不同（可参表1-1-1）。

表1-1-1　秦汉简帛中《田律》一览表

田律					
睡虎地秦简《秦律十八种》	龙岗秦简	岳麓书院藏秦简[肆]	青川秦木牍	张家山汉简[247号墓]《二年律令》	武威旱滩坡汉简
简数					
第1—12号，共12枚	第77—83号，共7枚	第106正—115正，共10枚	1枚	第239—257号，共19枚	第6、12、14号，共3枚
主要内容					
农田管理、生产秩序、田税征收	农田管理	农田管理与生产	田亩制度、田亩疆界维护与管理	农田管理、生产秩序、田税征收	农田管理

1979年1月，四川省广元市青川县郝家坪战国墓出土《更修田律》木牍（M50：16），正背面墨书文字共计121字，主要记载秦武王二年（前309年），秦武王命令左丞相甘茂修改田律等事。①上有"以秋八月，修封埒，正疆畔，及发阡陌之大草。九月，大除道及阪险。十月，为桥，修陂隄，利津梁，鲜草。虽非除道之时，而有陷败不可行，辄为之"。这段话是说，到秋天八月，修治田地界标，确定井田范围，除掉道路上的荒草。九月，要修路，包括斜坡与山泽。十月，造桥，修筑池塘堤坝，并修缮陆路往来所必须经过的关卡，保持道路通畅。即使在维修道路时已经除去了荒草，但如果道路有毁坏、坎坷不平而不可通行时，还要相机而修道。可见此条律文主要是针对田地疆界的维护及其管理修治的具体事宜。湖北省江陵县出土的张家山汉简[247号墓]《二年律令·田律》246-248亦有相同规定："恒以秋七月除阡陌之大草；九月，大除道□阪险；十月，为桥，修陂堤，利津梁。虽非除道之时而有陷败不可行，辄为之。乡部主邑中道，田主田道。道有陷败不可行者，罚其啬夫、吏主者黄金各二两。□□□□□及□土，罚金二两。"②

秦汉简帛中多有保护农业生态环境的规定。1975年12月，在湖北省孝感地区云梦县睡虎地11号秦墓中出土秦简1155枚，其中《秦律十八种·田律》是关于农田水利、山林保护方面的法律，它规定要及时报告降雨后农田受益面积和农作物遭受

---

① 参见四川省博物馆、青川县文化馆：《青川县出土秦更修田律木牍——四川青川县战国墓发掘简报》，《文物》1982年第1期。

② 张家山二四七号汉墓竹简整理小组编：《张家山汉墓竹简[二四七号墓]》（释文修订本），北京：文物出版社，2006年，第42页。

风、虫、水、旱等自然灾害之后受损的情况,不许任意砍伐山林,按受田之数缴纳刍稾(稾,草料禾秆)。[1]如《田律》4-7有:"春二月,毋敢伐材木山林及雍隄水泉。不夏月,毋敢夜草为灰,取生荔、麛卵鷇,毋□□□□□毒鱼鳖,置穽网,到七月而纵之。唯不幸死而伐棺椁者,是不用时。邑之紤(近)皂及它禁苑者,麛时毋敢将犬以之田。百姓犬入禁苑中而不追兽及捕兽者,勿敢杀;其追兽及捕兽者,杀之。呵禁所杀犬,皆完入公;其它禁苑杀者,食其肉而入皮。"[2]其中,麛(mí)指幼兽,鷇(kòu)指雏鸟,穽(jǐng)指陷阱。

这段话是说,在春天二月,不准到山林中砍伐木材,不准堵塞水道。夏季,不准烧草作为肥料,不准捉取幼兽、鸟卵和幼鸟,不准……毒杀鱼鳖,不准设置捕捉鸟兽的陷阱和网,到七月才可解除禁令。只有不幸身故而需要伐木制造棺椁的,才不受季节限制。居邑靠近畜养牛马的苑囿和其他禁苑的,幼兽繁殖时不准带狗去狩猎。百姓的狗进入禁苑,没有追兽和捕兽的,不准打死;如果追兽和捕兽的,可以打死。在专门设置的警戒地区打死的狗要完整上缴官府,在其他禁苑打死的,可以吃掉狗肉而上缴狗皮。从中可见当时人们保护自然生态的时限很长,从二月到七月,接近半年。这种思想在《逸周书·大聚解》中就有所体现,"春三月,山林不登斧,以成草木之长;夏三月,川泽不入网罟,以成鱼鳖之长"。二者内容基本一致。而且划禁

---

[1] 睡虎地秦墓竹简整理小组编:《睡虎地秦墓竹简》,北京:文物出版社,1990年,第19页。
[2] 睡虎地秦墓竹简整理小组编:《睡虎地秦墓竹简》,北京:文物出版社,1990年,第20页。

苑为自然保护区，客观上有利于保护动物。这种维护农业生态环境的思想在湖北省荆州市江陵县出土的张家山汉简[247号墓]《二年律令·田律》249中亦有体现，"春夏毋敢伐材木山林，及進〈壅〉隄水泉，燔草为灰，取产麛（麛）卵鷇（鷇）；毋杀其绳重者，毋毒鱼"①。此条律文要求在春天、夏天不要到山林中砍伐木材，不准堵塞水道，不准烧草作为肥料，不准捉取幼兽、鸟卵及雏鸟，不准杀害怀孕将产的野兽，不准毒杀鱼鳖。王子今先生指出秦简《田律》这样的法律规定是迄今所见年代最早的山林保护法。其内容之严密细致，说明其中的行为规范已经经历了逐步成熟完善的过程。②

20世纪90年代初在敦煌悬泉置遗址出土泥墙题记《使者和中所督察诏书四时月令五十条》（以下简称《四时月令诏令五十条》），是西汉平帝元始五年（5年）由王莽上呈，以临朝的太皇太后名义颁布的诏条。③它是目前我们所见到的汉代生态保护方面最详细、最具体的诏令，它确立以四时为基础的生产准则，提出保护农业生态系统和保护林木、动物、水资源。

如第9-15行规定："禁止伐木。谓大小之木皆不得伐也，尽八月。草木零落，乃得伐其当伐者。毋摘（摘）剿（巢）。谓剿空实皆不得摘（摘）也。空剿（巢）尽夏，实者四时常禁。毋杀囗虫。谓幼少之虫不为人害者也，尽九月。毋杀胎。谓禽兽、六

---

① 张家山二四七号汉墓竹简整理小组编：《张家山汉墓竹简[二四七号墓]（释文修订本）》，北京：文物出版社，2006年，第42-43页。
② 王子今：《秦汉时期生态环境研究》，北京：北京大学出版社，2007年，第378页。
③ 胡平生、张德芳编撰：《敦煌悬泉汉简释粹》，上海：上海古籍出版社，2001年，第192-199页。

畜怀妊有胎者也,尽十二月常禁。毋夭蜚(飞)鸟。谓夭蜚(飞)鸟不得使长大也,尽十二月常禁。毋麛。谓四足……及畜幼少未安者也,尽九月。毋卵。谓蜚(飞)鸟及鸡□卵之属也,尽九月。"以上规定从九月起,才可以伐木。这反映当时的人们遵循林木生长规律、合理安排生产活动的自然生态观,其最终目的则是为了拥有可持续使用的林木资源。春季是动物繁殖的季节,禁止摘鸟巢(如是空巢,到夏季结束后可以摘;如是实巢,则一年四季都禁止)、九月之前禁止杀幼小的虫、禁止杀怀胎的禽兽和六畜、禁止捕取幼鸟及各种飞鸟、禁止捕杀鹿子及各类幼小动物。

第26—27行规定:"毋□水泽,□陂池、□□。四方乃得以取鱼,尽十一月常禁。毋焚山林。谓烧山林田猎,伤害禽兽□虫草木……【正】月尽……"这是说到仲春时节可以开始捕鱼,所以不要使水泽、池沼干涸,此禁令一直到十一月底,这是常规禁令。同时禁止焚烧山林以及打猎,以免伤害禽兽草木。因为春天风高,容易引起火灾。此条禁令截至正月底。

第32载:有"毋弹射蜚(飞)鸟,及张罗、为它巧以捕取之"。这是指不要用弹弓射杀飞鸟或者设置网罗捕捉幼鸟,因为此时幼鸟刚孵化出不久,杀伤幼鸟违背天时,破坏自然生态。夏季是农作物生长的季节,因此又有"毋大田猎,尽八月"的规定。

第58—61行载:"……筑城郭,建都邑,穿窦窖,修囷仓。谓得大兴土功,□……收,务蓄采,多积聚。谓趣收五谷,蓄积……乃劝□麦,毋或失时。失时行□毋疑。谓趣民种宿麦,毋令□□种,主者……尽十月,隋蔪。"此条仲秋月令规定到秋天,夏粮已经收完,农闲时节要安排兴修土木,建设城郭。同时因为天气转凉,晒在田间的粮食已经干燥,要建设粮仓准备收藏粮食过冬。同时,过冬的蔬菜也要多积存一些。秋季谷物收割以后,就要督促农民种植次年夏初即可收藏的麦子,不要误了种麦的季节,否则误了农时,一定影响次年收成。到了十月,要收摘瓜果。

第64行还规定:"毋采金石银铜铁。"因为秋天已经开始霜降,土地要冻结了,所以手工业者都要停止劳作,不要让他们再采金、石、银、铜、铁等地下矿藏。因为此月以后天气转冷,天地都是藏物的时候,此时开采地下矿藏是逆时节而动,不符合自然规律。此禁令到冬季结束以后为止。《四时月令诏书五十条》不仅是一篇很完整的汉代农业经济管理法律文书,而且它体现了汉代"以农为本"的立法思想,重视自然生态保护,遵循大自然的发展规律,是融天文、历象知识和自然生态维护、农业经济发展于一炉的实证物。①

居延新简 EPF22.48-53 有②:

建武四年五月辛巳朔戊子,甲渠塞尉放行候事,敢言之。诏书曰:吏民毋得伐树木。有无,四时言。·谨案:部吏毋伐树木者,敢言之。掾谭。甲渠言:部吏毋犯四时禁者。

建武四年五月辛巳朔戊子,甲渠塞尉放行候事,敢言之。府书曰:吏民毋犯四时禁。有无,四时言。·谨案:部吏毋犯四

---

① 冯卓慧:《汉代民事经济法律制度研究》,北京:商务印书馆,2014年,第158-171页。
② 甘肃省文物考古研究所等编:《居延新简:甲渠候官与第四燧》,北京:文物出版社,1990年,第479-480页。

时禁者。敢言之。掾谭。

建武六年七月戊戌朔乙卯,甲渠鄣守候,敢言之。府书曰:吏民毋犯四时禁。有无,四时言。•谨案:部吏毋犯四掾谭、令史嘉。

时禁者,敢言之。

建武六年七月戊戌朔乙卯,甲渠鄣候,敢言之。府书曰:吏民毋得伐树木。有无,四时言。•谨案:部吏毋伐树木。掾谭、令史嘉。

此简册禁吏民伐木,当属于四时禁令的一种,体现出当时维护生态环境的制度,而所谓"有无四时言",反映了对于执行这种制度的纪律检查机制。①

湖南省长沙市尚德街东汉木牍(2011CSCJ482②:25-2)载"非纵火时擅纵火,烧山林□,司寇"②,同样体现出山林自然资源严加保护的观念。上述保护动物的禁令,有明显的时间限制,体现了"敬授民时""以顺时气"的思想。这些规定遵循了动物生长的规律,对动物的繁衍和动物资源的保护,补充农业经济,丰富人们的经济生活,保护自然生态,都具有重要作用。

湖北省云梦县龙岗秦简103—107载:"诸马、牛到所,毋敢穿窂及置它机,敢穿窂及置它机能害……人马、牛者,虽未有杀伤殹,赀二甲;杀伤马……与为盗。"③张家山汉简[247号墓]《二年

---

① 王子今:《秦汉时期生态环境研究》,北京:北京大学出版社,2007年,第389页。
② 长沙市文物考古研究所编:《长沙尚德街东汉简牍》,长沙:岳麓书社,2016年,第221页。
③ 中国文物研究所、湖北省文物考古研究所编:《龙岗秦简》,北京:中华书局,2001年,第107—108页。

律令·田律》251—252亦有相关规定:"诸马牛到所,皆毋敢穿阱,穿阱及及置它机能害人、马牛者,虽未有杀伤也,耐为隶臣妾。杀伤马牛,与盗同法。"①湖北荆州胡家草场M12西汉墓出土《田律》3057亦同。②以上规定是说凡是马、牛经过的地方,不得设置陷阱以及安放其他狩猎装置;凡是敢于设置陷阱以及安放其他狩猎装置,给他人的马、牛造成危害的,虽然没有杀伤马、牛,但处以耐隶臣妾。如果杀伤马、牛,则与为盗同罪。可见秦汉时期政府对马、牛的重视与保护。在睡虎地秦简《秦律十八种·厩苑律》13—14中还规定每年都要对耕牛进行评比,优秀者赏,而差者罚。"以四月、七月、十月、正月膚田牛。卒岁,以正月大课之,最,赐田啬夫壶酒束脯,为皂者除一更,赐牛长日三旬;殿者,谇田啬夫,罚冗皂者二月。其以牛田,牛减絜,笞主者寸十。又里课之,最者,赐田典日旬;殿,笞卅。"③其中,"膚",即"臚"字,意指评比。为皂者,指饲牛的人员。

　　这段话指在每年四月、七月、十月、正月评比耕牛。满一年,在正月举行大考核,成绩优秀的,赏赐田啬夫酒一壶,干肉十条,免除饲牛者一次更役,赏赐牛长资劳三十天;成绩低劣的,申斥田啬夫,罚饲牛者们资劳两个月。如果用牛耕田,牛的腰围减瘦了,每减瘦一寸要笞打主事者十下。又在乡里进行考核,成绩优秀的,赏赐里典资劳十天;成绩低劣的,笞打三十下。

①张家山二四七号汉墓竹简整理小组编:《张家山汉墓竹简[二四七号墓](释文修订本)》,北京:文物出版社,2006年,第43页。
②荆州博物馆、武汉大学简帛研究中心、李志芳、李天虹编:《荆州胡家草场西汉简牍选粹》,北京:文物出版社,2021年,第194页。
③睡虎地秦墓竹简整理小组编:《睡虎地秦墓竹简》,北京:文物出版社,1990年,第22页。

当然,如果放任自家的牲畜跑去地里吃人家的庄稼,自然要受罚。如张家山汉简[247号墓]《二年律令·田律》253载:"马、牛、羊、彘豕、豨食人稼穑,罚主金马、牛各一两,四彘豕若十羊、豨当一牛,而令拆稼偿主。"①彘豕,指公猪。拆,取。这句话的意思就是指马、牛、羊、猪吃他人的庄稼,罚主人金马、金牛各一两,四头公猪或者十只羊、十头猪顶一头牛,命令取庄稼偿还庄稼的主人。当然,如果是无意之举,则应细分责任人。如睡虎地秦简《法律答问》158:"甲小未盈六尺,有马一匹自牧之,今马为人败,食人稼一石,问当论不当?不当论及偿稼。"②此条律文中甲年幼且个子不高,在遇到自家马受惊时无力控制,即使马吃掉了别人的一石禾稼,也不负责任。

二、天网恢恢,疏而不漏: 秦汉简帛中的通缉令

通缉令是司法部门为抓获犯案后在逃或者被捕后又逃脱的犯罪嫌疑人而制作的缉捕文书,一般会有案情简况、被通缉

---

① 张家山二四七号汉墓竹简整理小组编:《张家山汉墓竹简[二四七号墓](释文修订本)》,北京:文物出版社,2006年,第43页。
② 睡虎地秦墓竹简整理小组编:《睡虎地秦墓竹简》,北京:文物出版社,1990年,第130页。

人的基本情况(姓名、性别、年龄、籍贯)、相貌特征(肤色、着装、身形)、携带物品、出逃时间、出逃人数等。秦汉简帛追捕文书中的追捕对象大致可以分为两类：一类是边境屯戍逃亡人员，一类是触犯法律的犯罪分子。秦汉时期的通缉文书可能还没有画像，因此，必须在文书中提供关于逃亡犯的尽可能多而详尽的信息，以便相关人员搜捕罪犯。文书由中央下达地方，各级官吏部署下属官员执行缉捕任务，并上报所执行的情况。诏书由中央下达郡县，通过逐级传递，到达最基层，以充分动员全国力量搜捕逃亡犯。诏书下达基层组织后，相关机构要按照要求在管辖区域内进行搜捕，并将搜捕结果汇报上级。因此，在通缉文书中多见对通缉犯体貌特征的详细描述，这是为了各级地方机构部门追捕逃犯提供更多有利的信息。

湖南省龙山县里耶秦简中有一份秦王政二十五年(前222年)追捕逃亡士兵缭可的通缉文书[①]：

> 廿五年九月己丑，将奔命校长周爰书——敦长买、什长嘉皆告曰：徒士伍右里缭可，行到零阳庑溪桥亡，不知外内，恐为盗贼，敢告。缭可年可廿五岁，长可六尺八寸，赤色，多髪，未产须，衣络袍一、络单胡衣一、操具弩二、丝弦四、矢二百、巨剑一、米一石五斗。(简8-439+8-519+8-537+8-1899)

在此简中，士兵缭可在行至零阳县(今湖南慈利县境内)一

[①] 谢坤：《里耶秦简所见逃亡现象——从"缭可逃亡"文书的复原说起》，《古代文明》2017年第1期，第48-53页。

座桥附近时逃亡,当时携带大量的兵器,有可能是一次精心策划的逃亡行为,地方政府最担心他落草为寇。以上通缉令中对缪可的年龄、身高、长相、衣着、携带物品都描述得非常清楚。

在秦王朝司法动作之下,跨县通缉的使用颇有偏重,通缉对象重心是从人或其家庭成员、族属。从人是一种级别较高的政治犯,出身于故六国,身份特殊,有专门的管理,而且他们不是普通的伙同从犯,他们追随旧主抗秦,是秦政府重点捉拿和管理的对象。①相形而下,对轻罪犯以及单纯逃离统治秩序的亡人,显得注力无多。②

另需要指出的是,逃亡士兵缪可的肤色为赤色,这种肤色在秦汉追捕文书中并不多见。追捕文书的肤色登记要求最严格,肤色区分最详细,包含肤色种类最多。秦汉简通缉令中逃犯的肤色有黑色、青色、青黑色、黄色、黄皙色、黄白色、白皙色、赤色等。在自然环境的作用下,上述肤色均有可能由蒙古人种的黄色和黄黑色的变化而成。这些细致的肤色以及身形特征描写是通缉文书的主要构成要件,它们促进了追捕工作的有效性。③

1973年,在甘肃省北部金塔县肩水金关遗址出土西汉甘露二年(前52年)丞相御史律令(73EJT1:1—3),内容是汉宣帝时追查广陵王刘胥集团的阴谋篡权活动,通缉逆党逃犯而发布全国

---

① 李洪财:《秦简牍"从人"考》,《文物》2016年第12期,第67页。
② 石洋:《论里耶秦简中的几份通缉文书》,《简帛研究二〇一九(春夏卷)》,桂林:广西师范大学出版社,2019年,第89页。
③ 黄艳萍:《简牍所见秦汉时期人的肤色刍议》,《文史杂志》2022年第3期,第23、26页。

的通缉文书。其中广陵王刘胥为汉武帝刘彻的第四子，因不满汉昭帝、汉宣帝先后继位，便利用女巫李女须多次搞诅咒活动诅咒汉宣帝。五凤四年（前54年），刘胥的诅咒阴谋活动被人揭发，被迫自杀。此事被朝廷视为要案，于是大力搜查余党，曾参与此事而畏罪潜逃的丽戎便成了通缉对象。通缉令的前半部分介绍了通缉犯的姓名、性别、形貌等基本情况，并责令郡太守督促所属县官员详加侦查询问。

1974年，在甘肃省瓜州破城子43号探方出土一枚残木牍（74EPT43:92），与上述肩水金关所出三枚木牍内容相似，可能是同一简册的不同抄本。

此份通缉文书的主要内容（73EJT1:1-2）如下：

甘露二年五月己丑朔甲辰朔，丞相少史充、御史守少史仁，以请诏有逐验大逆无道故广陵王胥御者惠同产弟、故长公主第卿大婢外人，移郡太守，逐得。试知外人者，故长公主大奴千秋等曰：外人，一名丽戎，字中夫，前太子守观奴婴齐妻，前死。丽戎从母捐之，字子文，私男弟偃，居住马市里第。捐之姊子，故安道侯奴，材取不审县里男子字游，为丽戎婿，以牛车僦载藉田仓为事。始元二年中，主女孙为河间王后，与捐之偕之国。后丽戎、游从居机菜弟，养男孙丁子沱。元凤元年中，主死，绝户，奴婢没入诣官。丽戎、游俱亡。丽戎脱籍，疑变更名字，匿走绝迹，更为人妻，介罪民间，若死，毋从知。丽戎亡时年可廿三四岁，至今年可六十。所为人中壮，黄色，小头，黑发，椭面，拘颐，常咸额胸鞶状，身小长，诈麃少言。书到，二千石遣毋害都吏严教属县官令以下、啬夫、吏正、父老,杂验问乡里吏民,赏取婢及免婢以为妻,年五十以上,形状类丽戎者,问父母昆弟,本谁生子,务得情实、发生踪迹。毋督聚烦扰民,大逆,同产当坐。重事,推迹未穷,毋令居部界中不觉。得者,书言白报,以邮亭行,诣长安传舍。重事,当奏闻,必谨密之,毋留,如律令。①

此件文书的主要通缉对象是奴婢丽戎,是为前广陵王刘胥驾车之人惠的妹妹,也是前太子守门奴婴齐的妻子,曾是前鄂邑盖长公主第卿的奴婢。丈夫婴齐死后,丽戎与母捐之(字子文)及弟弟偃居住在长公主家中。元凤元年(前80年),长公主因谋反事败而死,按照法律规定奴婢要被没入官,但婢女丽戎却与丈夫逃亡了。丽戎在逃亡后有可能改姓埋名,藏匿行迹,也有可能成为别人的妻子,至今已有三十多年了,还是下落不明。

此件通缉文书详细描述了丽戎的姓名、性别、年龄、相貌等,其中肩水金关所出通缉文书上有"丽戎亡时年可廿三四岁,至今年可六十。所为人中壮,黄色,小头,黑发,椭面,拘颐,常戚额胸鼜状,身小长,诈麑少言"。通缉令上详细指出丽戎在当年逃亡时约二十三四岁,到现在已经六十岁左右。她中等身材,胖瘦适中,黄皮肤,头比较小,黑发,脸形圆而长,尖下巴,常皱眉头,沉默寡言,狡诈多端。此件通缉文书到达后,各级官员应该查问所辖区内乡里吏民中有无娶奴婢为妻者,如果其妻年

---

① 甘肃简牍保护研究中心等编:《肩水金关汉简(壹)》上册,上海:中西书局,2011年,第2页。

五十以上,身体面貌特征与丽戎相似者,就要查问其父母兄弟,此女原本是谁所生,以查取实情。惠犯了大逆之罪,丽戎是惠的妹妹,按律应该连坐。此事重大,各级机构要认真彻查,不要出现被追查对象藏匿在自己辖区内却没有发觉的情形。

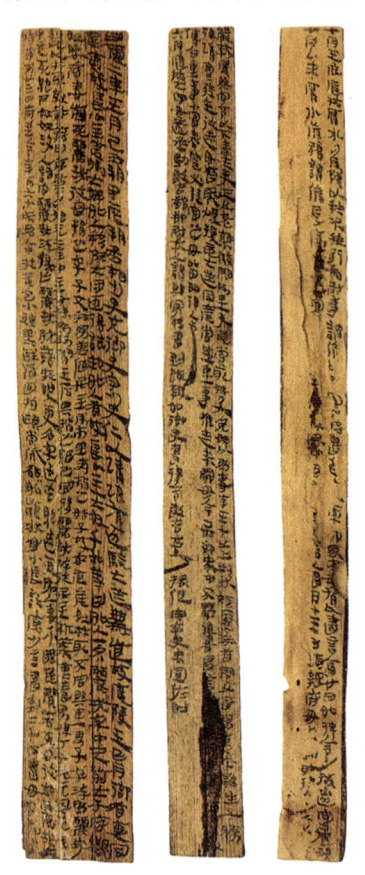

> 图1-2-1 甘露二年丞相御史书[①]

①引自《肩水金关汉简(壹)》第2页;另可见马建华主编:《河西简牍》,重庆:重庆出版社,2003年,第18页。

2009年1月,敦煌市第三次全国文物普查工作队在距玉门关西南65千米的西湖湾窖盆地中部烽燧遗址出土一件通缉文书(09dh-2)。①通缉令上有"宽中客,美阳不审里男子田博,一名谭,字子真,一姓王氏。年卅五六,为人黄色、中壮、美髟(biāo)、少须。坐与宽中共攻临泾狱牢,篡取死罪囚王博等,与偕亡。初亡时,衣皂布单衣,白绔,□□□,履弋韦沓,帻,冠小冠,带刀剑,乘革色车,毋盖。驾騩牡马,载黑弩二,熊皮箙、箭橐各一,箭百七十枚。中仲子穉载"②。简文是说宽中的门客田博,是美阳县(今陕西省扶风县境内)某里的男子,又叫谭,字子真。时年三十五六岁,黄色皮肤,中等壮实身材,头发漂亮,胡须较少。田博与宽中共同攻打临泾监狱,在监狱中还释放死囚王博等人一起逃亡。田博在最初逃亡时,身上穿着黑色单衣、白色裤子,脚上穿着黑皮鞋,头上戴着小帽子,佩戴刀、剑,乘坐青白色的没有车盖的车子。骑一匹浅黑色的公马,装载两把黑色弓弩,熊皮所制弓袋、箭袋各一个,箭一百七十枚。此件通缉文书中的罪犯田博是否是汉成帝老师郑宽中的门客有待做进一步考证,但这份通缉令,对罪犯田博的年龄、姓名、容貌、犯罪事由、逃跑路线、交通工具和随身携带的装备都一一详加描述。

---

① 杨俊:《敦煌一棵树汉代烽燧遗址出土的简牍》,《敦煌研究》2010年第4期,第88-92页;另见张德芳、石明秀主编《玉门关汉简》,上海:中西书局,2019年,第227页。
② 对于简文中的"一姓王氏"断句、释义尚有不同意见。如归上读,则理解为田博又姓王氏,当时田、王二姓同源,可见尉侯凯《敦煌一棵树烽燧汉简09dh-2"田博一姓王氏"试解》(《许昌学院学报》2018年第5期,第44-46页)。但本通缉令中又出现一名死囚王博,如此就导致一份通缉令中出现二人同名现象,故此种解释或可再斟酌。如归下读,则说明通缉犯人至少二人,但通缉文书中描述罪犯特征时仅限一人,故亦有矛盾。因此,"一姓王氏"具体含义尚待进一步考证。

> 图1-2-2 敦煌一棵树汉代烽燧遗址出土通缉文书简①

至唐代,由于人体识别技术的发展,通缉文书多采用配有逃犯画像的稽查制度。官府开具海捕文书,四处张挂榜文,上面除了写有逃犯的姓名、年龄、籍贯和体貌特征外,往往还配有逃犯的画像,即"画影图形",以便官民辨识和缉捕。

① 引自《中国国家博物馆馆刊》2012年第6期,第53页图三。

三、老有所养：
秦汉简帛中的社会保障法规

秦汉法律中有不少当时对于残疾人以及老年人给予特殊优待的规章制度，主要是保护老幼及残疾人特殊群体的权益。

睡虎地秦简《秦律杂抄·傅律》32—33有"匿敖童，及占癃不审，典、老赎耐。·百姓不当老，至老时不用请，敢为诈伪者，赀二甲；典、老弗告，赀各一甲；伍人，户一盾，皆迁之"①。

敖童，即成童，十五岁以上的未成年人。占，申报。癃，即罢癃，此处指残疾。

隐匿成童，及申报残疾不实，里典、伍老应赎耐。百姓不当免老而享受免老的权益，到他符合免老条件时也没有申报，弄虚作假，罚二甲；里典、伍老不告发，各罚一甲；同伍的人，每家罚一盾，全部都加以流放。对于残疾和免老的申报要求务必确实，因为涉及一定的优待，所以需要杜绝弄虚作假的情形。

睡虎地秦简《法律答问》133有"罢癃守官府，亡而得，得比公癃不得？得比焉"②。

癃，指年老体衰、手脚不便、驼背、身材矮小的成年人等。公癃，指因公残废的人。

这段话是指看守官府的残疾者，因逃亡而被捕获，现在问

---

① 睡虎地秦墓竹简整理小组编：《睡虎地秦墓竹简》，北京：文物出版社，1990年，第87页。
② 睡虎地秦墓竹简整理小组编：《睡虎地秦墓竹简》，北京：文物出版社，1990年，第124页。

可否与因公废疾的人同样处理？回答是可以同样处理。因公残疾的人如若逃亡，有从宽处理的法律，而看守官府的残疾者逃亡也可引为同例，是由于其职任特殊的缘故。守官府是一种较轻的差役，让罢癃做此事，是一种照顾。对于废疾者违法行为的惩罚，律令是有特别的规定的，其处罚要比一般人宽容。

岳麓书院藏秦简（伍）简141正-143正有："年睆老以上及罢癃不事，从睆老事，及有令终身不事、畴吏解爵而当复畴者，皆不得解爵以自除、除它人。"①岳麓书院藏秦简（柒）28正-29正有："年睆老以上及罢癃不事，从睆老事，及有令终身不事者、畴吏解爵而当复畴者，皆不得解爵以自除、除它人。"②内容一致。睆（huàn）老，指达到减半服役的人。从中可见，"罢癃"与"年睆老以上"都属于需要照顾的特定人群。

张家山汉简[247号墓]《二年律令·户律》343有："寡夫、寡妇毋子及同居，若有子，子年未盈十四，及寡子年未盈十八，及夫妻皆癃病，及老年七十以上，毋异其子；今毋它子，欲令归户入养，许之。"③无妻的鳏夫、无夫的寡妇没有子女以及住在一起的人，或者虽有儿女，但儿女年纪未满十四岁，以及只有一个子女且未满十八岁，以及夫、妻均有残疾病状，以及年老在七十岁以上，法律同样不允许这样的家庭和子女分居。如果现在没有其他子女，想让自己已经分家的子女回到自己家中赡养老人，

---

① 陈松长主编：《岳麓书院藏秦简（伍）》，上海：上海辞书出版社，2017年，第114-115页。
② 陈松长主编：《岳麓书院藏秦简（柒）》，上海：上海辞书出版社，2022年，第70页。
③ 张家山二四七号汉墓竹简整理小组编：《张家山汉墓竹简[二四七号墓]（释文修订本）》，北京：文物出版社，2006年，第55页。

可以允许。如此保护了残疾障碍者和年老者,使他们可以得到赡养、照顾。

张家山汉简[247号墓]《二年律令·傅律》363有:"当傅,高不盈六尺二寸以下,及天乌者,皆以为罢癃。"①天乌,指天生残疾丑恶。此条律文意指应当登记在册服徭役的,身高不满六尺二寸的,以及天生残疾丑恶,都当作不能从事劳动的残疾人。

张家山汉简[247号墓]《二年律令·徭律》408-409规定:"诸当行粟,独与若老父母居,老如睆老,若其父母罢癃者,皆勿行。金痍、有锢病,皆以为罢癃,可事如睆老。其非从军战痍也,作县官四更,不可事,勿事。"②

行粟,指运输粮食。居老,当指免老。睆老,减半服役,主要是地方性的杂役。金痍,兵器创伤。有锢病,读作"有痼病",指有难以治愈的病。

此条律文表明如果被征发去运输粮食时,自己是家中唯一的劳动力,父母是免老或睆老或残疾人,都不用去服役。如果不是因作战受伤致残的残疾人,则需要服役四次。如果残疾严重,则是全部免除。

1999年6—9月,湖南沅陵虎溪山一号汉墓出土1336枚竹简,其中一枚黄簿简(M1T:43-100)是户口登记簿,上有"不更五

---

① 张家山二四七号汉墓竹简整理小组编:《张家山汉墓竹简[二四七号墓](释文修订本)》,北京:文物出版社,2006年,第58页。
② 张家山二四七号汉墓竹简整理小组编:《张家山汉墓竹简[二四七号墓](释文修订本)》,北京:文物出版社,2006年,第64页。

十九人,其二人免老,一人睆老,十三人罢癃"①。2004年底,湖北省荆州市荆州区纪南镇松柏村六组M1汉墓出土一批木牍和木简,其中35号西汉木牍,正面是南郡免老簿,背面是南郡罢癃簿,末尾记"凡罢癃二千七百八人,其二千二百廿八人可事,四百八十人不可事"②。可事者指能够从事一定程度劳动的残疾人;而不可事者则指不能够从事劳动者,不用服徭役。从中可见有多达89%的残疾人需要服役。当然,这些残疾障碍者如果年龄较高,可在本地服役。如果生病了就可以不用服役。战争中受伤致残的"可事者",给予适度照顾。

汉代实行的王杖制度则是尊老敬老的典型举措之一,体现出汉代养老制度的鲜明特点。

1959年秋,在甘肃武威市新华乡缠山村磨咀子汉墓中出土了10枚木简,出土时还有数枚简系在长近两米的王杖上,因杖端有鸠鸟,所以也叫作"鸠杖"。从残存的迹象看,这10枚木简当初应该都系在鸠杖的一端。木简内容为西汉宣帝、成帝时关于"年始七十者授之以王杖"的两份诏书和受杖老人受辱之后裁决犯罪者的案例,以及墓主人受王杖等,这也就是后来大家习称的著名的"王杖十简"。③

1981年9月,甘肃省武威县文物管理委员会在保护调查重

---

① 郭伟民、张春龙:《沅陵虎溪山一号汉墓发掘简报》,《文物》2003年第1期,第36-55页;另见湖南省文物考古研究所:《沅陵虎溪山一号汉墓》上册,北京:文物出版社,2020年,第120页。
② 王明钦等:《湖北荆州纪南松柏汉墓发掘简报》,《文物》2008年第4期,第32页。
③ 考古研究所编辑室:《武威磨咀子汉墓出土王杖十简释文》,《考古》1960年第9期,第29-30页。

点文物时,新华乡缠山大队社员袁德礼交出一份在磨咀子汉墓出土的《王杖诏书令》木简26枚,这是继《王杖十简》后又一次重要发现。该册木简汉隶书写,字迹清晰,每简背面署有编码"第一"至"第廿七",惜"第十五"已遗失,可见原册实有27简。该简册记载有关尊敬长老,抚恤鳏寡,抚恤孤独、残疾以及高年赐杖,处决殴辱受杖主者等五份诏书,末简署"右王杖诏书令"六字。①

《王杖十简》内容如下:

制诏丞相御史:高皇帝以来,至本二年,朕甚哀怜老少,高年受王杖。上有鸠。使百姓望见之【3】比于节。有敢妄骂詈、殴之者,比逆不道。得出入官府廊第,行驰道旁道;市卖,复毋所与【4】,如山东复。有旁人养谨者,常养扶持,复除之。明在兰台石室之中。王杖不鲜明,【5】得更缮治之。河平元年,汝南西陵县昌里先,年七十受王杖,颡部游徼吴赏,使从者【6】殴击先,用诉,地太守上谳,延尉报:罪名【7】明白,赏当弃市。【8】制诏御史曰:年七十受王杖者,比六百石。入官廷不趋:犯罪耐以上,毋二尺告劾。有敢征召、侵辱【1】者比大逆不道。建始二年九月甲辰下。【2】兰台令第卅三御史令第卅三。尚书令灭受在金。【10】孝平皇帝元始五年幼伯生永平十五年受王杖。【9】

虽然简文的排列顺序、篇章编次以及"本二年"所指时间都

---

① 武威县博物馆:《武威新出诏书令》,载《汉简研究文集》,兰州:甘肃人民出版社,1984年,第34—61页。

存在争议,但简文中对七十岁以上老人授予鸠杖,在政治待遇、经济、刑罚各方面都给予老人一定优待,尊老敬长的思想是明确的。第3-5号简指出:自高祖以来至本始二年(前72年),皇帝非常同情老年人,对老年人颁发王杖,用鸠鸟作王杖的头,就像朝廷使者手中拿着的节,让老百姓远远地就能看见。如果有人对持有王杖的老人谩骂、殴打,按照大逆不道定罪处治。持杖老人可以自由出入官府,允许在国道旁行走;如果持杖老人在市场摆摊做买卖,免征商品税。如果有子女以外的人愿意赡养老人,免除这些人的赋税。老人持有的王杖如果陈旧了,可以请求修理和更换。第6-8号简举了河平元年(前28年)汝南西陵县一个叫先的老人的例子,先在七十岁的时候持有王杖,有一天遭到游徼吴赏手下的殴打,老人先便上告吴赏,最后吴赏被判处死刑。

相对而言,《王杖诏书令》内容更加丰富。

制诏御史:七十以上,人所尊敬也。非首杀伤人,毋告劾也,毋所坐。八十以上,生日久乎?【1】男子年六十以上,毋子男为鳏;女子年六十以上,毋子男为寡。贾市,毋租,比山东复。复【2】人有养谨者扶持,明著令,兰台令第卌二。【3】

孤、独、盲、侏儒,不属律人。吏毋得擅征召,狱讼毋得系。布告天下,使明知朕意。【4】夫妻俱毋子男为孤寡,田毋租,市毋赋,与归义同;沽酒醪列肆。尚书令【5】臣咸再拜受诏。建始元年九月甲辰下。【6】

汝南太守谳廷尉,吏有殴辱王杖主者,罪名明白。[7]制曰:谳何,应论弃市。云阳白水亭长张熬,坐殴抴受王杖主,使治道。男子王汤[8]告之,即弃市。高皇帝以来,至本始二年,朕甚哀怜耆老,高年赐王杖。[9]上有鸠使百姓望见之,比于节;吏民有敢骂詈殴辱者,逆不道;[10]得出入官府节第,行驰道中;列肆贾市,毋租,比山东复。[11]

长安敬上里公乘臣广昧死上书[12]皇帝陛下:臣广知陛下神灵,覆盖万民,哀怜老小。受王杖,承诏。臣广未[13]尝有罪耐司寇以上,广对乡吏趣,未辩。广对质,衣僵吏前。乡吏……[14]大不敬重父母所致也,郡国惕然。臣广愿归王杖,没入为官奴。[16]臣广昧死再拜以闻[17]皇帝陛下。[18]制曰:问何乡吏,论弃市。毋须时,广受王杖如故。[19]元延三年正月壬申下。[20]

制诏丞相御史:七十以上杖王杖,比六百石,入官府不趋;吏民有敢殴辱者,逆不道,[21]弃市。令在兰台第卌三。[22]汝南郡男子王安世,坐桀黠,击鸠杖主,折伤其杖,弃市。南郡亭长[23]司马护,坐擅诏鸠杖主击留,弃市。长安东乡啬夫田宣,坐系[24]鸠杖主。男子金里告之,弃市。陇西男子张汤,坐桀黠。殴击王杖主,折伤[25]其杖,弃市。亭长二人,乡啬二人,白衣民三人,皆坐殴辱王杖功,弃市。[26]

右王杖诏书令在兰台第卌三。[27]

其中,养谨,指赡养。律人,意为正常之人。归义,指蛮夷投诚,其首领多封以王侯,此指优待。拽(yè),拖拽。驰道,专为皇帝驰行的道路,即国道。毋须时,立即。击留,捆绑拘留。白衣民,指百姓。桀黠,指凶悍狡猾。功,指结果。

《王杖诏书令》第1—6号简与《王杖十简》第3—5号简的内容基本相同,后面20枚简则记录了两个亭长、两个乡长和三个普通老百姓共七人因谩骂、殴打持有王杖的老人,都被判处死刑的事件。

1989年8月11日,武威地区文物普查队在甘肃武威柏树乡下五畦大队旱滩坡东汉中晚期汉墓出土木简16枚,其中有王杖律令"制诏御史:奏年七十以上,比吏六百石,出入官府不趋,毋二尺告劾,吏擅征召……【1】长安乡啬夫田顺坐征召金里老人荣长,骂詈殴……【11】"①

虽然简文残缺,但其内容与上举《王杖十简》《王杖诏书令》相类,唯有详略差异。汉时,王杖诏令逐级下发,到达乡以后,由吏员制作布告牌悬挂在公共场所或者直接书写在公共场所墙壁、门上,即"扁书"。但在汉代识字率不高的情况下,可能还要集中宣读法令,从而在民间被反复抄写、传诵。王杖诏书令是经过有意编辑,生前可以作护身符,死后可带入地下世界。

1993年,在江苏省连云港市东海县尹湾六号汉墓出土的木牍中有东海郡向中央政府报告地方人口资料的《集簿》,其中1反上记录有"七十以上受杖二千八百廿三人,凡万四千四百九十三,多前七百一十八"。虽然里面数据有因地方官显示政绩而故意夸大的成分,但还是看出当时政府对老年人的优待。

① 钟长发:《甘肃武威旱滩坡东汉墓》,《文物》1993年第10期,第28—33页。

上面提到在汉代七十岁以上高龄老人持有的王杖上端有鸠鸟,所以叫鸠杖。鸠杖是由原始图腾崇拜衍生的一种权杖,既象征长者的权威地位,又有助人行走的实用功能。目前考古资料中已出现青铜、错金银、铜质、陶质、木质鸠杖实物,山东、河南、四川等地也出土多幅汉代鸠状画像石。这些都证明汉代历史上确实有过以养老、尊老为核心的王杖制度。另外,张家山汉简[247号墓]《二年律令·傅律》355①、荆州胡家草场西汉简《傅律》404②规定"大夫以上年七十,不更七十一,簪裹七十二,上造七十三,公士七十四,公卒、士伍七十五,皆受杖"。当然,从材质上看,普通老百姓一般用木杖,只有贵族才可能用得起错金银之类的鸠杖。持有王杖的主人,享有许多特权,可以自由出入官府;可以在天子驰道旁行走;做买卖免收租税;享受的待遇与六百石官吏相同;进入官庭之中不用小步快走;无论是官吏还是老百姓,有敢谩骂、殴打和侮辱持杖老人的,一律按大逆不道罪论处。这种措施一方面体现出对持杖老人的宽刑,是对"明德慎罚"传统的继承;另一方面则是对殴打侮辱持杖老人者实行重刑。无论是宽刑主义还是重刑主义,都是儒家尊老敬老、维护皇权思想在刑法领域中的表现。甘肃武威出土的三批优待老人的王杖律令汉简中(具体可见表1-3-1),凡是擅自征召、辱骂、殴打老人的,都无一例外地都受到"弃市"的严惩,由此可见,汉时王杖制度在全国范围内得到严格的执行。王杖制

---

① 张家山二四七号汉墓竹简整理小组编:《张家山汉墓竹简[二四七号墓]》(释文修订本),北京:文物出版社,2006年,第57页。
② 荆州博物馆、武汉大学简帛研究中心、李志芳、李天虹编:《荆州胡家草场西汉简牍选粹》,北京:文物出版社,2021年,第195页。

度是国家通过授予年长者王杖,并赋予受杖者一定的政治、经济特权,如可以出入某些特殊场所、经商免税等,主要目的是提倡并形成良好的养老风气。

表1-3-1 汉简所见王杖制度案例

犯人	犯罪行为	处理结果	资料来源
汝南西陵县颊部游徼吴赏	使从者殴击先	弃市	王杖十简
云阳白水亭长张熬	坐殴抴受王杖主,使治道	弃市	王杖诏书令
乡吏	辱长安敬上里公乘广	弃市	王杖诏书令
汝南郡男子王安世	坐桀黠、击鸠杖主,折伤其杖	弃市	王杖诏书令
南郡亭长司马护	坐擅诏鸠杖主,击留	弃市	王杖诏书令
长安东乡啬夫田宣	坐系鸠杖主	弃市	王杖诏书令
陇西男子张汤	坐桀黠、殴击王杖主,折伤其杖	弃市	王杖诏书令
长安乡啬夫田顺	坐征召金里老人荣长,骂詈殴	弃市	旱滩坡诏书书

以上案例可以图示如下:

惩罚烈度:★★★★★

逃生机率:★★☆☆☆

影响指数:★★★★☆

上述谩骂、殴打和侮辱持杖老人的八人,都是过街老鼠,人人喊打,均被处以极刑,其震慑力可想而知。

第一编　道法自然：简帛律令的深层次解读

029

> 图1-3-1　武威市磨咀子汉墓出土彩绘木鸠杖①

---

①照片引自俄军主编，甘肃省博物馆编：《甘肃省博物馆文物精品图集》，西安：三秦出版社，2006年，第117页。

> 图1-3-2 西安出土错金银鸠杖①

> 图1-3-3 邹城汉画像石中的"鸠杖"②

---

① 照片引自段清波主编:《中国古金银器》,武汉:湖北美术出版社,2001年,第79页。
② 拓片引自邹胡新立:《山东邹城市卧虎山汉画像石墓》,《考古》1999年第6期,第49页图一三右上。

第一编　道法自然：简帛律令的深层次解读

> 图1-3-4-1　王杖十简图版[①]

[①] 引自马建华主编：《河西简牍》，重庆：重庆出版社，2003年，第134页。

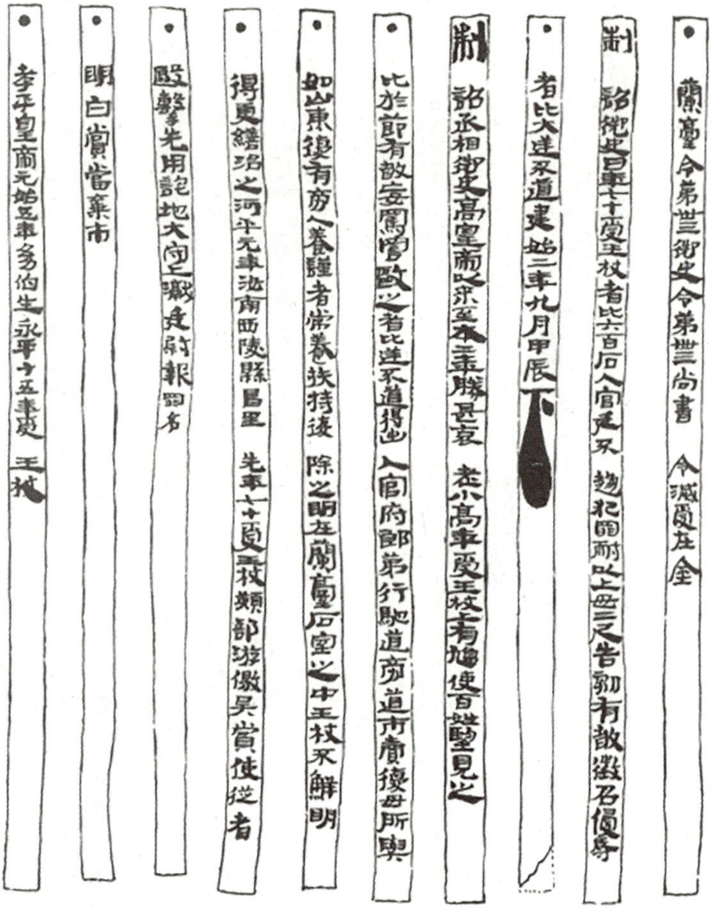

> 图1-3-4-2　王杖十简摹本①

---

① 引自田河：《武威汉简集释》，兰州：甘肃文化出版社，2020年，第161页。

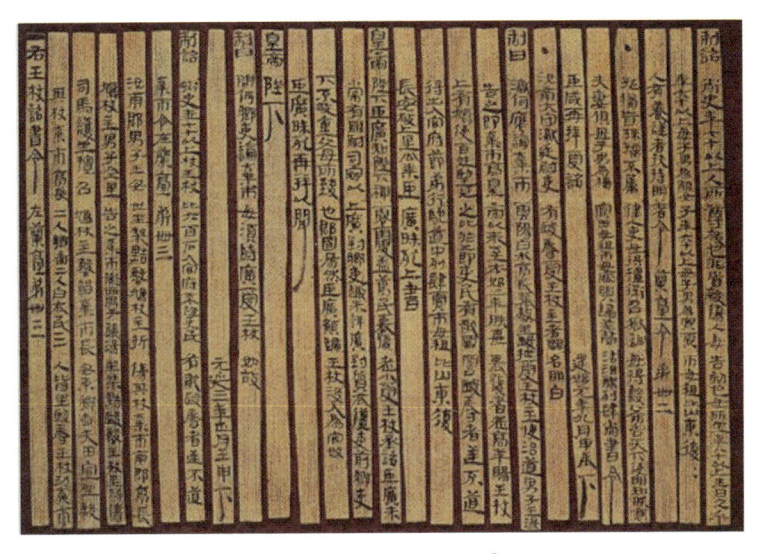

第一编 道法自然:简帛律令的深层次解读

> 图1-3-5 王杖诏书令①

四、烽火连天:
汉代简牍中的军事法令

1972年4月,山东博物馆在山东临沂银雀山1号西汉墓中发掘出土竹简4942枚,其中兵书占较大比重,有《孙子兵法》《孙

---

① 引自宋镇豪主编:《中国法书全集·先秦秦汉》,北京:文物出版社,2009年,第203-206页第八四。

䏿兵法》《六韬》《尉缭子》《晏子春秋》等。其中《守法守令等十三篇》主要是军法军令,有的篇章内容与传本《墨子》城守诸篇的《备城门》《号令》的内容重复或相似,而全篇与《管子》《尉缭子》关系密切。[①]据篇题木牍,《守法守令等十三篇》的顺序是:1.《守法》、2.《要言》、3.《库法》、4.《王兵》、5.《市法》、6.《守令》、7.《李法》、8.《委法》、9.《王法》、10.《田法》、11.《兵令》上篇、12.《兵令》下篇,共12个篇题,分上、中、下三栏抄写。篇题木牍是相对独立于文中篇题的独立目录,篇题木牍分为三栏是常态,而分栏书写的目的是在一块木牍上容纳更多的内容。

《守法守令等十三篇》主要反映了战国时期齐国的法律制度。其中《田法》详细记载了土地管理分配制度及税收标准,与《管子》密切相关,当是延续春秋时期齐国的制度,而根据时代的需要,又有所变化。《库法》主要涉及县库的设置、职权范围,以及所收藏、制造的武器、城防设施等规格,抄录了库的有关主管官吏的职责以及严格的出入库验收、保管的法令。《市法》论述了设立市的必要性及市的规模、布局和税收等市场管理问题。《兵令》与《尉缭子·兵令》内容相合,所论乃治军之道,涉及军队的作用、军队建设及严明军纪、军法的必要性等问题。《王兵》根据《管子》相关内容,合成首尾完整的一篇文章来论述军队的重要性。其他则涉及古代土地制度,包括农业生产、农田的产量、出亩制度、户籍管理、赋税制以及刑制等。

---

①银雀山汉墓竹简整理小组编:《银雀山汉墓竹简[壹]》,北京:文物出版社,1985年,第127-160页。

其中《守法》篇787有"……去其署者身斩,父母妻子罪……"[1],对"去署"者,也就是擅离岗位者予以严厉处理。睡虎地秦简《法律答问》197有"何谓'窦署'?'窦署'即去也,且非是?是,其论何也?即去署也"[2]。可见《守法》的规定是对秦法的继承。因私事擅离岗位,或者未经上级许可而擅离岗位,均在验问、追查、举报之列。

1978年7月,青海省博物馆考古工作队在青海大通县上孙家寨115号汉墓出土400枚西汉晚期木简,多数残断,内容主要是关于军事训练的规定、兵书佚文以及与军事相关的律令。[3]

在西北汉简(居延汉简、敦煌汉简、悬泉汉简、肩水金关汉简、额济纳汉简、玉门关汉简等)中有烽火品约,它是汉代对边塞戍卒发现不同敌情后所应采取的各种报警方式的规定,信号标志主要有烽、表、烟、苣火、积薪五类。其中,烽是用草编或布帛制成的可以升降的笼形信号物;表是可折叠的布帛旗帜;烟是烟囱所升烟柱,这三种主要是在白天使用。苣火,指举着用芦苇制成的火把,主要是夜晚使用。积薪是由芦苇堆积的大草垛,是最能代表敌情紧急程度的信号,白天用浓烟,晚上用熊熊大火报告军情。这五类烽火信号并非各自孤立使用,有时会根据敌情组合使用。

---

[1] 银雀山汉墓竹简整理小组编:《银雀山汉墓竹简[壹]》,北京:文物出版社,1985年,第128页。
[2] 睡虎地秦墓竹简整理小组编:《睡虎地秦墓竹简》,北京:文物出版社,1990年,第140页。
[3] 大通上孙家寨汉简整理小组、国家文物局古文献研究室:《大通上孙家寨汉简释文》,《文物》1981年第2期,第22—26页。

1973—1974年，在内蒙古额济纳河流域破城子汉代居延都尉府甲渠候官遗址出土一组简册，册末标明为《塞上蓬火品约》（《居延新简》EPF16：1—17）。①

汉代律令中的级次、条款称之"品"。"约"指具有法律、条约的性质。

此烽火品约主要是根据匈奴人数多少、时间、入侵方位不同、入塞攻亭的轻重缓急程度发出不同报警信号。具体简文如下：

【1】匈人奴昼入殄北塞，举二蓬，□燔蓬一，燔一积薪。夜入，燔一积薪，举堠上离合苣火，毋绝至明。甲渠三十井塞上和如品。

【2】匈人奴昼甲渠河北塞，举二蓬，燔一积薪。夜入，燔一积薪，举堠上二苣火，毋绝至明。殄北三十井塞和如品。

【3】匈奴人昼入甲渠河南道上塞，举二蓬，坞上大表一，燔一积薪。夜入，燔一积薪，举堠上二苣火，毋绝至明。殄北三十井塞上和如品。

【4】匈奴人昼入三十井降虏燧以东，举一蓬，燔一积薪。夜入，燔一积薪，举堠上一苣火，毋绝至明。甲渠殄北塞上和如品。

【5】匈奴人昼入三十井候远燧以东，举一蓬，燔一积薪，堠上烟一。夜入，燔一积薪，举堠上一苣火，毋绝至明。甲渠殄北塞上和如品。

【6】匈奴人渡三十井县索关门外道上燧天田失亡，举一蓬，

---

① 薛英群：《居延〈塞上烽火品约〉册》，《考古》1979年第4期，第361—364页。

坞上大表一,燔二积薪。不失亡,毋燔薪,它如约。

【7】匈奴人入三十井诚敖北燧县索关以内,举蓬、燔薪如故。三十井县索关、诚敖燧以南,举蓬如故,毋燔薪。

【8】匈奴人入殄北塞,举三蓬。后复入甲渠部,累举旁河蓬。后复入三十井以内,部累举埃上直上蓬。

【9】匈奴人入塞,守亭鄣不得下燔薪者。旁亭为举蓬、燔薪,以次和如品。

【10】塞上亭燧见匈奴人在塞外,各举部蓬如品,毋燔薪。其误,亟下蓬灭火,候、尉吏以檄驰言府。

【11】夜即闻匈奴人及马声,若日且入时,见匈奴人在塞外,各举部蓬,次亭晦不和。夜入,举一苣火,毋绝尽日,夜灭火。

【12】匈奴人入塞,候、尉吏亟以檄言匈奴人入,蓬火传都尉府,毋绝如品。

【13】匈奴人入塞,乘塞中亭燧,举蓬、燔薪□□□□蓬火品约,官□□□举□□蓬,毋燔薪。

【14】匈奴人即入塞千骑以上,举蓬、燔二积薪,其攻亭、鄣、坞壁、田舍,举蓬、燔二积薪,和如品。

【15】县、田官吏令、长、丞、尉见蓬火起,亟令吏民□蓬□□诚敖北燧部界中,民田畜牧者,□□……为令。

【16】匈奴人入塞,天大风,风及降雨不具蓬火者,亟传檄告,人走马驰,以急疾为故。

【17】右塞上蓬火品约。

上述可见,烽火制度规定,如果遇到特殊情况时,要采用相应特殊措施。如果遇到天气恶劣,刮大风或者下雨,或者亭燧之间相隔较远,导致信号无法传递出去,要立即将敌情以书面报告的形式快马报送上级。如果发现信号有误,要立即采取应急补救措施,取消所发信号,并写成书面报告,报送都尉府,说明真相。

敦煌汉简2257有"望见虏一人以上入塞,燔一积薪,举二蓬;夜,二苣火。见十人以上在塞外,燔、举如一人入塞品。望见虏五百人以上,若攻亭部,燔一积薪、举三蓬;夜,三苣火。不满一千人以上,燔、举如五百人同品。虏守亭部,燔、举:昼举亭上蓬,夜举离合火。次亭燧和,燔、举如品"①。从中可以看出,在当时主要根据入塞的时间(白天或黑夜)、入侵的人数和敌情的不同而发出相应的信号,这是举烽的基本原则。特别值得注意的是,入塞的人数是以是否满一千人为界限,凡不满一千人只点一积薪,超过一千人则点二积薪。在目前所见到的记录中,燔三积薪是最严重而紧急的信号。如《居延汉简》351.8、351.6,《肩水金关汉简》73EJF3:81、80均出现"燔三积薪"。②

表1-4-1 西北汉简所见烽火信号表

入寇人数及到达地点	时间	烽火信号		
		蓬	苣火	积薪
虏在塞外	昼	一蓬		毋燔薪
	夜		苣火	毋燔薪

---

①甘肃省文物考古研究所编:《敦煌汉简》,北京:中华书局,1991年,第307-308页。
②吴礽骧指出汉代边塞似将敌情分为五品,与敌情的品相适应,汉代的蓬火信号也分为五级。具体可参吴礽骧:《汉代蓬火制度探索》,载《汉简研究文集》,兰州:甘肃人民出版社,1984年,第229-232页。

续表

入寇人数及到达地点	时间	烽火信号		
		蓬	苣火	积薪
近塞(10人以上)	昼	二蓬		燔一积薪
	夜		二苣火	燔一积薪
入塞(1人以上)	昼	三蓬		燔二积薪
	夜		二苣火	燔二积薪
入塞(1000人以上)	昼	三蓬		燔二积薪
	夜		三苣火	燔二积薪
攻亭障(500—2000人)	昼	三蓬		燔二积薪
	夜		三苣火	燔二积薪
攻亭障、坞壁、田舍(1000人以上)	昼	三蓬		燔二积薪
	夜		三苣火	燔二积薪
虏守亭障,烽卒不能燔积薪	昼	亭上蓬、一烟		
	夜		离合苣火	

有了明确的规定,有了充足、合格的烽具,当匈奴人来犯时,戍卒能做的就是根据烽火品约中的规定燃放并传递烽火信号了。

当然,汉代边塞烽火品约事实上存在一定的漏洞,而匈奴人经常利用这些漏洞达到劫掠的目的。汉代烽火品约中除了烽、表外,苣火、积薪、烟都需要露天点燃,所以,在有降雨、大风这样恶劣的天气情况下,烽火信号的发出和传递会遇到障碍,轻则信号混乱,重则失效,尤其在风雨交加的夜晚,没有任何烽具可以使用。居延新简EPF16:16针对性指出:"匈奴人入塞,天大风,风及降雨不具蓬火者,亟传檄告,人走马驰,以急疾为故。"[1]在不具烽火的恶劣天气条件下,敌情需以"檄"的形式火速

---

[1] 甘肃文物考古研究所等编:《居延新简:甲渠候官与第四燧》,北京:文物出版社,1990年,第470页。

传递到边郡上层。书檄的传递速度在汉简中规定是每小时十里,距烽火信号的传递速度每小时百里相去甚远,而且在传递过程中人、马极易遭遇伏击。另外,烽火信号一经发出,迅速传递,很难应变,灵活性较差。一旦有变,很难做出相应的调整,而他们预警的恰好又是机动性、灵活性很强的匈奴骑兵。另外,边塞士卒对烽火信号真伪的识别能力较差。匈奴人经过多年的观察,在一定程度上发现了汉代烽火信号的整体情况,除利用自然环境和应变能力较差的弱点外,匈奴人还会制造一些假的烽火信号,这种假信号多数发生在夜间。匈奴人会经常性地来到边塞之下点燃火把或柴草堆,以伪造苣火或积薪,给汉朝边郡戍卒带来虚惊。[1]这就需要边塞士兵熟知烽火制度,提高警惕,增强御敌能力。

当时,为了提高士兵和平民对匈奴作战的积极性,特定制定了"购赏科别",具体规定以捕捕斩获敌人的多少决定奖赏的等级。居延新简 EPF22.222—224、231 有:"捕斩匈奴虏、反羌购赏科别。其生捕得酋豪、王侯、君长、将帅者一人☐,吏增秩二等,从奴与购如比。其斩匈奴将帅者,将百人以上,一人购钱十万,吏增秩二等。不欲为官者,与购如比。……右捕匈奴虏购科赏。"[2]如果活捉一名匈奴头领,官升两级。斩杀匈奴将帅的,则奖赏十钱,官升两级。

---

[1] 特日格乐:《简牍所见汉朝烽火制度——兼谈匈奴的对应》,《蒙古史研究》第十辑,呼和浩特:内蒙古大学出版社,2010年,第30—33页。
[2] 甘肃文物考古研究所等编:《居延新简:甲渠候官与第四燧》,北京:文物出版社,1990年,第492页。

五、防患未然：
秦汉简帛中的传染病防治

在战国秦汉时期，当时人往往将病因归咎于鬼神，患病后治疗方式是巫医并用，首先是占卜、祝祷，然后才是药物治疗或针灸。其中，传染病是比较可怕的疾病，具有流行性、地方性、季节性的特点。秦汉简帛中有不少关于传染病的记录与防治。

麻风病是一种慢性传染病，在中医古籍中时有记载，如湖南长沙出土马王堆帛书《五十二病方》134-136有"螟病方：螟者，虫所啮穿者□，其所发无恒处，或在鼻，或在口旁，或齿龈，或在手指各节，使人鼻缺指断。治之以鲜产鱼，捣而以盐财和之，以傅虫所啮者。□□□，辄补之。病已，止。尝试，无禁"[①]。螟病，实际上就是麻风病，患者的鼻子、手指都烂掉。张家山汉简[247号墓]《脉书》15有"四节疕如牛目，眉脱，为疠"[②]。就是指病人四肢生脓溃烂，眉毛脱落，这也是麻风病的典型症状。而睡虎地秦简《封诊式》52-54有"某里典甲诣里人士伍丙，告曰：'疑疠，来诣。'·讯丙，辞曰：'以三岁时病疕，眉突，不可知其何病，无它坐。'令医丁诊之，丁言曰：'丙无眉，艮本绝，鼻腔坏。刺其鼻不嚏。肘膝□□□到□两足下踦，溃一所。其手毋胈。

---

① 严健民：《五十二病方注补译》，北京：中医古籍出版社，2005年，第76-77页；另见裘锡圭主编：《长沙马王堆汉墓简帛集成(伍)》，北京：中华书局，2014年，第240页。
② 张家山二四七号汉墓竹简整理小组编：《张家山汉墓竹简[二四七号墓](释文修订本)》，北京：文物出版社，2006年，第116页。

令号,其音气败。疠也。'"①

疕(bǐ),指头上生的疮。眉突,指眉毛脱落。艮(gēn),根本,即山根,医书中对两眼间鼻梁的名称。踦,脚跛,行走不便。胈(bá),汗毛。号,啼。

这段话的意思就是说某里的里典甲送来该里的士伍丙,报告说:"怀疑丙得了麻风病,因此将他送到这里。"讯问丙,丙供称:"在三岁时患有疮伤,眉毛脱落,不知道是什么病,没有其他过错。"命医生丁对丙进行检验,丁报告说:"丙没有眉毛,鼻梁断绝,鼻腔已坏,探刺到他的鼻孔,不打喷嚏,臂肘和膝部……两脚不能正常行走,有溃烂一处,手上没有汗毛,叫他呼喊,其声音嘶哑,是麻风病。"此段具体而微的记载是对诊断麻风病人的全面描述。当然,从中我们也看到里典在发现疑似麻风的病例后所做出的一系列应对措施,先押送上报,再由有关官员对病人进行病史询问和派医诊断,最终才确诊,整个过程都显得十分谨慎,力求做到证据确凿。另外,在长沙走马楼吴简户口籍簿中常出现"风病""肿病",其中"风病"就是麻风病,"肿病"就是血吸虫病。而出土考古实物也证实了麻风病和血吸虫病等在我国各地的流行。山西省朔州市平鲁县(今平鲁区)汉代墓葬群M47号墓中年女性颅骨出现因感染麻风病而造成的面部骨骼有明显的溶蚀萎缩病变特征。②1972年,在湖南省长沙马王堆一号汉墓距今约2100年,年龄约50岁的一具女尸身体

---

① 睡虎地秦墓竹简整理小组编:《睡虎地秦墓竹简》,北京:文物出版社,1990年,第156页。
② 张振标:《中国古代人类麻风病和梅毒病的骨骼例证》,《人类学学报》1994年第4期,第294-299页。

中发现了血吸虫、肝吸虫等寄生虫的虫卵。①1975年,在湖北省江陵凤凰山168号汉墓距今约2100年的一具年龄55岁男尸肝脏中发现有许多血吸虫、肝吸虫等寄生虫虫卵。②

秦简中详细记录了处理患麻风病罪犯的措施。睡虎地秦简《法律答问》121—123有:"疠者有罪,定杀。'定杀'何如?生定杀水中之谓也。或曰生埋,生埋之异事也。甲有完城旦罪,未断,今甲疠,问甲何以论?当迁疠所处之;或曰当迁迁所定杀。城旦、鬼薪疠,何论?当迁疠迁所。"③

其中,疠,指麻风病。定杀,指淹死。

这番问答主要是针对如何处理患有麻风病的罪犯,处理方式是活着投入水中淹死,或者活埋,或者迁往麻风隔离区居住。可见,古人为了防止传染病的扩散,除了采取隔离措施外,有时采取很过激且残忍的方式。

睡虎地秦简《封诊式·毒言》91—94有:"爰书—某里公士甲等廿人诣里人士伍丙,皆告曰:'丙有宁毒言,甲等难饮食焉,来告之。'即疏书甲等名事关牒背。讯丙,辞曰:'外大母同里丁坐有宁毒言,以卅余岁时迁丙家即有祠,召甲等,甲等不肯来,亦未尝召丙饮。里即有祠,丙与里人及甲等会饮食,皆莫肯与丙共杯器。甲等及里人弟兄及它人知丙者,皆难与丙饮食。丙而

---

① 湖南医学院主编:《长沙马王堆一号汉墓古尸研究》,北京:文物出版社,1980年,第201—214页。
② 魏德祥等:《江陵凤凰山168号墓西汉古尸的寄生虫研究》,《武汉医学院学报》1980年第3期,第1—6页。
③ 睡虎地秦墓竹简整理小组编:《睡虎地秦墓竹简》,北京:文物出版社,1990年,第122页。

不把毒,无它坐。'"①

宁,语中助词。毒言,指口舌有毒,是当时的一种迷信说法。把毒,带毒。

《论衡·言毒》:"太阳之地,人民促急,促急之人口舌为毒,故楚、越之人促急捷疾,与人谈言,口唾射人,则人脈(膜)胎(胀),肿而为疮。南郡极热之地,其人祝树树枯,唾鸟鸟坠。"②当时的人们将毒言看作是一种类似传染病的毒症,而且报告人公士甲等被要求记录下个人信息。③秦简简文的大意是说:某里公士甲等二十人送来同里的士伍丙,共同报告说:"丙口舌有毒,甲等不能和他一起饮食,前来报告。"当即将甲等的姓名、身份、籍贯记录在文书背面。审问丙,丙供称:"本人的外祖母同里人丁曾因口舌有毒论罪,在三十多岁时被流放。丙家如有祭祀,邀请甲等,甲等不肯来,他们也没有邀请过丙饮酒。里中如有祭祀,丙与同里的人和甲等聚会饮食,他们都不肯与丙共享饮食器具。甲等和同里弟兄以及其他认识丙的人,都不愿和丙一起饮食。丙并没有毒,也没有其他过错。"

睡虎地秦简《法律答问》179有:"诸侯客来者,以火炎其衡轭。炎之何?当诸侯不治骚马,骚马虫皆丽衡轭鞅鞣辕靷,是以

---

① 睡虎地秦墓竹简整理小组编:《睡虎地秦墓竹简》,北京:文物出版社,1990年,第162-163页。
② [汉]王充著、张宗祥校注、郑绍昌标点:《论衡校注》,上海:上海古籍出版社,2013年,第456页。
③ 陈公柔指出:亦恐是南方楚越之地的一种传染病,经过饮食或唾液等等途径,可以传染他人。见陈公柔:《云梦秦墓出土〈封诊式〉简册研究》,载《先秦两汉考古学论丛》,北京:文物出版社,2005年,第211页。

炎之。"①

炎,用火熏。衡,车辕前端驾马的横木。骚马,即骚马虫,寄生马体的害虫。丽,附着。鞅,驾车时套在马颈上的皮套。韅,驾车时套在马背上的皮带。靷,读作靭(yǐn),指驾车马的皮带。

这番话指出当有诸侯国客人来的时候,要用火去熏其车上的衡轭。为什么要用火熏?倘如诸侯国不处治马身上的寄生虫,寄生虫都附着在车的衡轭和驾马的皮带上,所以要用火熏。该条可以说是目前最早的出入境卫生检疫法,主要是防止境外疾病传入秦国。

---

① 睡虎地秦墓竹简整理小组编:《睡虎地秦墓竹简》,北京:文物出版社,1990年,第135页。

铁腕治国

简帛法律文献中的司法调查与案件处理

第二编

第二编　铁腕治国：简帛法律文献中的司法调查与案件处理

一、天涯海角，无处可遁：
简帛法律文献中的侦查手段与断定原则

　　刑事侦查是指查明和确认有罪的人，并提出其犯罪的证据。秦汉时期的刑事侦查为达到这一目的，产生和形成了一系列行之有效的方法和措施。在调查过程中，循实情而断案是最基本的原则，指审判官或司法官依据一定的法律程序在查明案件事实的基础上作出判决。探求事实真相、循实情而断案是裁判者在解决纠纷时追求的目标和判案标准。控告，尤其是受害者的控告，对于案件的侦破和案犯罪行的确定都有至关重要的作用，因为受害者作为犯罪行为直接侵害的对象，对于案件的起因和发展过程，往往最清楚。因此，秦汉时期的司法官吏一般都认真听取受害者的控告，从中发现疑点和有意义的侦破线索。在审讯案件时，必须先听完口供并加以记录，原告与被告各自陈述，虽然明知是欺骗，也不要马上质问。如果供词已经记录完毕而问题没有交代清楚，审案官员便对应该质问的问题进行讯问。质问的时候，又把其辩解的话记录下来，再看看是否还有其他没有交代清楚的问题，继续进行质问。同时，司法官吏在处理民事争讼、人命、盗窃、伤害等案件时，还进行物证检验、现场勘查、收集物证、调查讯问有关人员等证据收集工作，并由负责勘查、检验的官吏按照司法文书形式写勘查、检验记录。这些都是人们在解决纠纷过程中对案件事实方面的经验总结。

张家山汉简[247号墓]《奏谳书》第二十二个案例197—228记录了一桩一波三折的抢劫伤人案，最里女子婢被抢钱财。[①]此案发生在秦王政六年(前241年)六月二十七日，最里里长赢报案说，不知什么人在最里刺伤了女子婢，抢走了她的钱财以后就不知去向。县廷立即命令狱史顺等人去追捕强盗，侦讯办案。

受害人婢详细陈述案情经过："当时我提着一千二百钱，撑着伞，从集市上往家走。走到巷子当中，突然遭人从背后袭击，我就倒在地了。过了好一阵子我才醒过来，爬起来大声呼喊有强盗，可是钱已经丢失，那人也已经不知去向。这时有一个叫龀(chèn)的女子走过来，看见我吓了一跳，因为发现我背上插着一把刀。这时我才知道自己受了伤。"

狱史顺就问婢："有人从你后面走过来，你怎么没有回头去看一眼呢？"

婢回答道："当时我打着伞走路，雨落在伞上啪啪作响，根本听不到后面来人的声音，所以没有回头看。"

狱史顺又问："你从集市里走出来时，看见谁没有？"

[①] 此案可参高恒：《秦汉简牍中法制文书辑考》，北京：社会科学文献出版社，2008年，第404—407页；胡平生：《趣味简帛学3：简帛上的法治案件》，上海：中国中福会出版社，2017年，第16—20页。

婢答道:"虽然见到一些人,但是都不认识。"

狱史顺继续问婢在乡里是否与人结怨而引起仇杀,婢答道:"没有。"受害人虽然没有提供任何有价值的破案线索,但排除了仇杀或抢劫伤人的可能性。

狱史顺对罪犯遗留在现场的物品进行勘验和调查。凶器是一把长九寸(约合今天20.7厘米)的刀,青铜制造,刀柄之上有一个铁环。办案人进行现场勘查时,在婢摔倒的地方发现一枚一尺半长(约合今天34.5厘米)的荆木做的券书,上面有刻出的齿,是放在丝绸中央当作卷轴的,上面标注着丝绸的长度、价格等,像是集市上商人用的券,但只有右半边。婢说:"这不是我的。"狱史顺又讯问案发现场附近的居民,但一无所获,侦破案件陷入困境。

于是咸阳县县令更换了办案人,由狱史举闟继续追查。狱史举闟首先从现场拾得的那半边券书入手,让市场上的商人辨认,有商人指出这是交易用的券,但周围的商贩都表示,他们没有这个券书。而且此券的左半边,一直没有找到,同时也未获得其他有用的证物。

为了尽快破案,狱史举闟扩大了调查摸排的范围,对商贩、外来人口、打工仔等所有可能涉案人员都进行了一一排查,监视其所作所为,并查看其登记入住旅馆及购买衣服和饮食开销情况,同时调查其居所情况。经过这些摸排后也没有发现任何有价值的破案线索。同时,还对饮食开销过大、有盗窃嫌疑的无业穷光蛋,以及其他形迹可疑的人进行跟踪观察,也没有所获。正当山穷水尽之时,负责去调查那些形迹可疑的人的每提供了一个重要的破案线索。数日后，狱史举阘逮捕了士伍武，武供述自己是一名在外流浪的人，没有干过抢劫伤人的事情，但他供出公士（秦二十等爵中最低级的一等）孔形迹可疑，有作案嫌疑。因为武看见孔前几天黄昏时在集市中央的旗亭一带徘徊，很落寞的样子，过了一阵，晃晃悠悠地回家了，第二天又是如此。孔的衣裳上有一条黑色的带子，原来挂有佩刀，现在却不见了。他的神情眼光和言语也有点怪怪的，有些异常。

狱史举阘根据武提供的线索传讯了公士孔，孔供述自己是一名自由职业者，从来没佩过刀，也没有干过盗窃、伤人等不法的事情。在这种情况下，阘并没有根据证人武单方面证词定案，或采取刑讯逼供的方式迫使孔交代罪行，而是有针对性地调整侦查方向，转向嫌疑人孔的外围，希望通过调查与孔有过交往的人，从中获取有用的线索和孔的犯罪证据。举阘张贴告示说凡是有接受过公士孔的衣服、器物、金钱等，如果不到官府报告者，将依法追究其法律责任。告示张贴不久，有个管马的小吏（走马）名叫仆，他将一个系有绢的白色皮革刀鞘交了上来，说这是孔送给他的，不知道孔从什么地方弄到的。得到刀鞘后，再次讯问孔，孔却装糊涂说："我没有送刀鞘给他，不知道他为什么这样说。"举阘就将刺伤被害人婢的刀，插入仆人交来的刀鞘中，正好吻合。再仔细检验这把带鞘的刀，刀环缺失，刀体的残缺处在刀鞘上留下铜钱颜色的痕迹，据此可以断定，此刀鞘正是凶犯所用刀的刀鞘。再次讯问孔，孔改口说："我的确是将刀鞘给了仆人，前次没有说是因为自己早忘记了这件事。"案件到此，应该说已经基本上真相大白，可以结案了。但是举阘并没有满足于此，因为犯罪嫌疑人孔本人并没有认罪，案发的原因也没有调查清楚。于是继续扩大侦查范围，调查孔的妻子、女儿，她们说："孔平时喜欢佩戴刀，如今不佩刀了，不知道他把刀放在什么地方了。"

根据从孔的妻子和女儿处得到的情况，再次质问孔，孔说："这把刀是从一个不认识的人那里买来，我曾佩戴着到过市场上，刀在集市上被人偷了，于是我把刀鞘给了仆人。"

举䦋继续质问孔："你明明把刀鞘送给仆人，为什么要谎说没有给？你平时喜欢佩戴鞘刀，为什么又否认佩戴，这如何解释？"孔理屈词穷。举䦋随即恐吓孔如果再不交代实情就用刑笞打。孔见事情败露，又怕遭受皮肉之苦，只好将抢劫婢又伪造现场的经过全盘托出。原来孔很贫穷，没有职业，经常在集市中央的亭旗下闲逛，多次见到商人用的券，于是偷了一个。六月的一天，孔见一个女子独自打着伞，提着钱在路上走。当时百姓响应官吏号召到田间捕杀蝗虫去了，路上行人很少，孔便尾随婢到达最里的巷子中。见左右无人，就拔刀刺伤她，夺钱就跑，还故意将一枚事先从集市偷来的带有刻齿的荆券丢在作案现场，企图制造假象，误导办案官吏去集市上查访商人。至此案件告破，孔盗赃一千二百钱，被判处"完为城旦"，也就是让他充当修建城墙的刑徒。

在整个案件侦破过程中，最初狱史顺等人未能破案，狱史举䦋接办后，在没有任何踪迹、迹象可供参考的情况下，以智谋进行调查研究，捕获了凶手，结果被提升为卒史。

该案记述一起抢劫伤人案件案发、侦察、破案、审判，以及对破案有功人员予以奖励的整个过程。此案的难点在于,罪犯在犯案时就成功转移了对他不利的嫌疑,让调查官吏对使用此种集市符券的商人产生怀疑,可谓一波三折。

该案严密的逻辑推理、循实情而断案的精神折射出了古代司法官吏的判案智慧。在定案方面,首先,注重证据之间的相互印证,该案对现场留下的婢背上的刀进行了仔细勘察,当找到了犯罪嫌疑人孔曾使用的刀鞘时,狱史举闟就将刀插入刀鞘进行比对,发现正好吻合;刀的残缺处在刀鞘上还留有相应痕迹,那么,在一定程度上可以断定该刀鞘应该就是插在婢背上的刀的原有刀鞘。其次,对现场留下的券没有找到相应的左券,但对其作出了合理的解释,该券为犯罪嫌疑人伪造的契券,目的在于误导侦察方向和范围,企图逃避法律惩处。再次,犯罪嫌疑人的陈述能与案件的证人证言及其他物证相印证。

在本案中,狱史从追查作为凶器的刀与仆提供的无刀刀鞘的关联着手,将刀插入鞘中,证实其为同套刀具;又取得犯罪嫌疑人孔的妻女及小吏仆的证言,故能多次推翻犯罪嫌疑人的狡辩,致其最终认罪伏法。在此案中,我们可看到汉代运用多种证据形式断决案件,既有客观性的证据——物证、证人证言,也有以刑讯相威吓逼取的主观性证据——口供。司法官吏将两类证据相互印证,使主观与客观证据相比对,最后得出审判结论。这一过程实际上运用了主观与客观相结合的方法,体现了刑事证据的综合性特征,不愧为"得微难狱"。[1]

---

[1] 张琼军:《秦汉刑事证据制度研究》,北京:中国政法大学出版社,2013年,第29-30页。

侦察过程中现场勘查的痕迹、物证非常重要,如睡虎地秦简《封诊式》中《贼死》(凶杀)、《经死》(自缢)、《穴盗》(挖洞盗)、《出子》(流产)等四份现场勘察、人身和尸体检验的记录,采用一系列现场勘察手段,发现、搜集犯罪的痕迹、物证,为正确分析案情、判断案件的性质、确定侦查方向和为最后破案提供线索和根据。[1]

《贼死》55-62[2] 有:

爱书:

某亭求盗甲告曰:"署中某所有贼死、结发、不知何男子一人,来告。"即令令史某往诊。令史某爱书:与牢隶臣某即甲诊,男子尸在某室南首,正偃。某头左角刃痏一所,背二所,皆纵头背,袤各四寸,相耎,广各一寸,皆臽中,类斧,脑角出(顑)皆血出,被污头背及地,皆可为广袤;它完。衣布禅裙、襦各一。其襦背直痏者,以刃决二所,应痏。襦背及中衽□污血。男子西有鬃秦綦履一两,去男子其一奇六步,一十步;以履履男子,利焉。地坚,不可知贼迹。男子丁壮,晳色,长七尺一寸,发长二尺;其腹有久故瘢二所。男子尸所到某亭百步,到某里士伍丙田舍二百步。令甲以布裙掩埋男子某所,待令。以襦、履诣廷。讯甲亭人及丙,知男子何日死,闻謈(啼)寇者不也?

---

[1] 栗劲:《秦律通论》,济南:山东人民出版社,1985年。
[2] 睡虎地秦墓竹简整理小组编:《睡虎地秦墓竹简》,北京:文物出版社,1990年,第157页。

痏(wěi)，指伤疤。㚅(ruǎn)，指溃烂。臽(xiàn)中，指中间凹下。頯(zhuō)，指眼眶下部。衽，指衣襟。

这份司法检验文书的主要内容是：某亭的求盗（专职缉拿盗贼、逃犯的吏卒）甲报告说在辖地内发现一位无名男子被杀死。令史某前往检验，令史某和牢隶臣某随求盗甲前往检验。死者尸体在某家以南，仰面朝天，头上左额角有一处刀伤，背部有两处刀伤，都是纵向的，长各四寸，宽各一寸，伤口都是中间陷下，像是斧子砍的痕迹。死者脑部、额角和眼眶下部都出血，污染了头部、背部和地面；其他部位完好无伤。身穿单布短衣和裙各一件。其短衣背部伤口相对处，有两处被刀砍破，与伤口位置符合。短衣背部和衣襟都沾有污血。在男子的西边有一双麻鞋，一只离男子六步有余，另一只离男子十步，证实是男子生前所穿。此男子壮年，皮肤白，身长七尺一寸，头发长二尺；腹部有针灸医疗的旧疤两处。男子尸体距某亭一百步，距某里士伍丙的农舍二百步。令史某命令甲用布裙将死者掩埋在某处，并将死者的短衣和鞋子送交县廷。同时讯问了相关人员。

这是一份结构严谨、内容丰富的关于凶杀案现场勘验记录，使人对现场情况一目了然。它首先记录了报案人及报告的简要内容、现场勘查和尸体检验的责任者。然后记录了被害人的被害地点、方位、尸体的卧向，记录了刀伤几处、部位、深度、长度及流血情况，记录了被害人衣着、鞋子及其他情况，同时说明了查不清杀人犯痕迹的原因，记录了被害人的年龄、肤色、身长、发型，以及身体上的其他特征。最后还记录了对尸体的临时处置方法和呈送的物证,以及询问有关证人的证词。

《经死》63-72①有:

爰书:

某里典甲曰:"里人士伍丙经死其室,不知故,来告。"即令令史某往诊。令史某爰书:与牢隶臣某即甲、丙妻、女诊丙。丙尸悬其室东内中北壁椽,南向,以枲索大如大指,旋通系颈,旋终在项。索上终椽,再周结索,余末袤二尺。头上去椽二尺,足不傅地二寸,头背傅廦,舌出齐唇吻,下遗矢溺,污两脚。解索,其口鼻气出喟然。索迹椒(鬾)郁,不周项二寸。它度无兵刃木索迹。椽大一围,袤三尺,西去堪二尺,堪上可道终索。地坚,不可知人迹。索袤丈。衣络禅襦、裙各一,践□。即令甲、女载丙尸诣廷。诊必先谨审视其迹,当独抵尸所,即视索终,终所倚有通迹,乃视舌出不出,头足去终所及地各几何,遗矢溺不也?乃解索,视口鼻喟然不也?及视索迹郁之状。道索终所试脱头;能脱,乃脱其衣,尽视其身、头发中及篡。舌不出,口鼻不喟然,索迹不郁,索终急不能脱,□死难审也。即死久,口鼻或不能喟然者。自杀者必先有故,问其同居,以答其故。

枲(xǐ)索,麻绳。廦,墙。椒(鬾)郁,指在绳套勒住的地方形成青紫瘀血。傅地,着地。堪,地面的土台。践,赤脚。

上述简文主要讲述某里的里典甲报告本里人士伍丙在家

---

①睡虎地秦墓竹简整理小组编:《睡虎地秦墓竹简》,北京:文物出版社,1990年,第158-159页。

中吊死了，不知道是什么原因。官府当即派令史某前往检验，令史某汇报说他和牢隶臣某随甲同丙的妻和女儿对丙的尸体进行检验。丙悬挂在其家东侧卧室北墙的房梁上，拇指粗的麻绳做成绳套套在丙的头上。绳子系在房椽上，绕着椽转了两周后打结，留下两尺长的绳头。丙的头离房椽有二尺，脚离地面二寸，头和背贴墙，舌吐出来与嘴唇对齐，屎尿都流出来了，弄脏了两脚。解开绳索时，尸体的口鼻有气排出，像是在叹息的样子。绳索在尸体上留下淤血的痕迹，只差头后两寸不到一圈，其他部位经检查没有兵刃、木棒、绳索的痕迹。房椽粗一围，长三尺，站在土台上面可以悬挂绳索。

　　检验时必须首先仔细观察痕迹，应独自到达尸体所在地点，观察系绳的地方，系绳处如有绳套的痕迹，然后看舌头是否吐出，头脚离系绳处及地面各有多远，有没有流出屎尿？然后解下绳索，看口鼻内有无叹气的样子？并看绳索痕迹瘀血的情况。试验尸体的头能否从系在头上的绳中脱出，如能脱出，便剥下衣服，彻底验看全身、头发内以及会阴部。舌头不吐出，口鼻没有叹气的样子，绳的痕迹不瘀血，绳索紧系脖子上不能把头脱出，就不能确定是自缢。如果死去已久，不知道口鼻有无叹气样子的，自杀的人必先有原因，要询问和他一起居住的人自杀的原因。

　　在勘验缢死现场要注意观察尸体的位置和周围环境，注意悬空吊挂的位置死者自身能否做到，悬空点系绳处是否有灰尘被触动或尸体表面被摩擦的痕迹，死者双脚距地面以及头部距悬挂支点的距离，有无可登踩的物体，绳索的种类和绳套的系结方式,索沟在颈部的位置、方向、角度、形状、数量和颜色以及索沟中皮肤有无出血,尸体除颈部索沟处擦伤外是否还有其他损伤,现场遗留的物品或者其他痕迹。这些环节在上述中都已经注意到,而且还强调在尸体检验中如果舌头不吐出,口鼻没有叹气的样子,绳的痕迹不瘀血,绳索紧系在脖子上不能把头脱出,就不能确定是自缢,就有可能是他杀。

《穴盗》73-83[1]有:

爰书:

某里士伍乙告曰:"自宵臧乙複結衣一乙房内中,闭其户,乙独与妻丙晦卧堂上。今旦起,启户取衣,人已穴房内,彻内中,結衣不得,不知穴盗者何人、人数,无它亡也,来告。"即令令史某往诊,求其盗。令史某爰书:与乡□□隶臣某即乙、典丁诊乙房内。房内在其大内东,比大内,南向有户。内后有小堂,内中央有新穴,穴彻内中。穴下齐小堂,上高二尺三寸,下广二尺五寸,上如猪窦状。其所以椒者类旁凿,迹广一寸大半寸。其穴壤在小堂上,直穴播壤,破入内中。内中及穴中外壤上有膝、手迹,膝、手各六所。外壤秦綦履迹四所,袤尺二寸。其前稠綦袤四寸,其中央稀者五寸,其踵稠者三寸。其履迹类故履。内北有垣,垣高七尺,垣北即巷也。垣北去小堂北唇丈,垣东去内五步,其上有新小坏,坏直中外,类足距之迹,皆不可为广袤。小堂下及垣外地坚,不可迹。不知盗人数及之所。内中有竹

---

[1] 睡虎地秦墓竹简整理小组编:《睡虎地秦墓竹简》,北京:文物出版社,1990年,第160页。

柖，柖在内东北，东、北去廧各四尺，高一尺。乙曰："□結衣柖中央。"讯乙、丙，皆言曰："乙以乃二月为此衣，五十尺，帛里，丝絮五斤装，缪缯五尺缘及纯。不知盗者何人及早暮，无意也。"讯丁、乙伍人士伍□，曰："见乙有結複衣，缪缘及纯，新也。不知其里□何物及亡状。"以此值衣价。

自宵，指昨天夜里。複，夹衣。結，或释作裾（裾衣当指有长襟的衣服），或释作䌸（缯帛）。彻，通。旁凿，宽刃的凿子。綦，鞋子上的花纹。岠（jù），鞋子践踏。竹柖，一种竹床。意，猜测。

在这起挖洞盗窃案中，司法官吏通过对现场的全面勘查，把注意力集中在对犯罪时留下的痕迹检验上。(1)作案工具的痕迹：房后有小堂，墙的中央有新挖的洞，洞通房中，洞下面与小堂地面齐。用来挖洞的工具像是宽刃的凿。(2)罪犯膝部和手的印痕：房中和洞里外土地上有膝部和手的印痕各6处，罪犯手膝并用，显然是从挖的洞里爬进来的，甚至可以推测罪犯爬行的距离。(3)履的痕迹：外面地上有秦綦履的印痕4处。履的印痕前部花纹密，长4寸；中部花纹稀，长5寸；跟部花纹密，长3寸。从履的印痕看，好像是旧履。对履的痕迹的勘查，充分表明当时的勘查人员经过专业训练，有相当的技术含量，远非普通勘查可比。(4)北墙距小堂的北部边缘1丈，东墙距房5步的地方。墙上有不大的新缺口，缺口顺着内外的方向，好像是人跨越的痕迹，但不能量定长宽。小堂下和墙外的地面坚硬，不能查知人的遗迹。不知道盗窃人数和他们的去向。东墙的痕迹提供了罪犯入户的路线。勘查的报告记录得如此详尽，对正确地分析案情,确定以后的侦查方向和最后结果,都提供了重要的线索和证据。同时,勘查报告的态度科学、客观和审慎。报告书中有较多的实地测量数字,对一些初步的推测和结论不贸然武断,表现出一种审慎的态度。①

《出子》84-90是一起因斗殴引起的流产案件,此案中通过对可疑血块进行鉴定,详细介绍对胎儿的检验程序和认定方法。主要内容如下:

爰书:

某里士伍妻甲告曰:"甲怀子六月矣,自昼与同里大女子丙斗,甲与丙相捽,丙偾庰甲。里人公士丁救,别丙、甲。甲到室即病腹痛,自宵子变出。今甲裹把子来诣自告,告丙。"即令令史某往执丙。即诊婴儿男女、生发及胞之状。又令隶妾数字者,诊甲前血出及痛状。讯甲室人甲到室居处及腹痛子出状。

丞乙爰书:

令令史某、隶臣某诊甲所诣子,已前以布巾裹,如衃血状,大如手,不可知子。即置盎水中摇之,衃血子也。其头、身、臂、手指、股以下到足、足指类人,而不可知目、耳、鼻、男女。出水中又衃血状。其一式曰:令隶妾数字者某某诊甲,皆言甲前旁有干血,今尚血出而少,非朔事也。某尝怀子而变,其前及血出如甲□。②

---

① 闫晓君:《出土文献与古代司法检验史研究》,北京:文物出版社,2005年,第92-93页。
② 睡虎地秦墓竹简整理小组编:《睡虎地秦墓竹简》,北京:文物出版社,1990年,第161-162页。

偾(fèn)，摔倒。屏(bìng)，摔倒。别，分开。变出，流产。保，包裹流产婴儿的小被子。字，生育。痈(yōng)，创伤。室人，此指证人。㱏(pēi)，凝血。盎，盆子。朔事，月经。

此篇由两篇爰书组成，前面一篇是"出子"案的审理，后一部分是该案中司法检验报告爰书。从审理爰书内容看来是一篇自告兼自诉的爰书，告诉者就是被害人。

案件受理原因及告辞主要有：一是甲的怀孕状况——怀孕六个月。二是事件发生的时间、人物及经过。时间是昨日白天。被告是大女子丙，证人公士丁。经过是甲、丙两人争执，晚上回到家中就流产了。三是证物——流产的胎儿。四是案发原因——两人发生争执，并且动手，在秦法中，私斗是不允许的，双方都有罪，所以，甲如果要状告丙，首先要先自首，承认是两人发生了争执。而案件的初步处理过程有四：一是捉拿另一当事人丙，由史某前去捕获。二是检验流产的胎儿，包括头发和胞衣。三是检视流产者本人、流产的迹象和受伤情况。四是讯问原告家属，原告在家中流产的情况。而检验报告负责人是县丞乙。史某、隶臣某受县丞的指示进行胎儿检验。在胎儿下水前，观察形态特征，无法辨认。下水后摇晃，观察其形状特点，证实是流产胎儿，但分辨不出性别五官。出水后，恢复其凝血状。有过多次生育经验的隶妾某某则检视流产者，对其出血情况有详细记录，确认是流产。至于本案最终处理结果则不得而知。

张家山汉简[247号墓]《奏谳书》第十九例（简162-173）[1]所记录"为君、夫人治食不谨案"与《韩非子·内储说下》所载晋文公时"宰人上炙而发绕之"内容接近。

异时《卫法》曰："为君、夫人治食不谨，罪死。"今宰人大夫说进炙君，炙中有发长三寸；夫人养婢媚进食夫人，饭中有蔡长半寸，君及夫人皆怒，劾。史猷治，曰："说毋罪，媚当赐衣。"君曰："问史猷治狱非是。"史猷曰："臣谨案说所以切肉刀新磨甚利，其俎口坚。夫以利刀切肥牛肉庖俎上，筋膊尽斩，炙膊大不过寸，而发长三寸独不斩，不类切肉者之罪。臣又诊炙肉具，桑炭甚美，铁炉甚罄。夫以桑炭之罄铁□而肉颇焦，发长三寸独不焦，又不类炙者之罪。臣又诊夫人食室，涂塓甚谨，张帷幕甚具，食室中毋蔡，而风毋道入。臣又诊视媚卧莞席，敝而经绝，其莞碎，媚衣袖有敝而絮出，碎莞席丽其絮，长半寸者六枚。夫以卫夫人有一婢，衣敝衣，使卧席，卧席碎者丽衣，以为夫人炊，而欲蔡毋入饭中，不可得已。臣操敝席丽媚衣絮者，愿与饭中蔡比之。此以下□八月。君出饭中蔡比之，同也。"史猷曰："炙中发，臣度之，君今旦必梳而炙至肉前，炙火气□人而暑，君令人扇，而发故能飞入炙中。"君曰："今旦寡人方梳扇而炙来燃。且与子复诊之。"君俯视席端，有鬇发长二寸以上到尺者六枚。君复置炙前，令人道后扇，发飞入炙中者二枚。君曰："善哉！"亟出说而赐媚新衣，如史猷当。

---

[1] 张家山二四七号汉墓竹简整理小组编：《张家山汉墓竹简[二四七号墓]（释文修订本）》，北京：文物出版社，2006年，第106页。

蔡，草。磬，指坚硬。墍(jì)，涂抹屋顶。鬌(chuí)，毛发脱落。

本案中卫国宫廷厨师长说向国君进奉烤肉时，烤肉上有一根三寸长头发。与此同时，国君夫人的婢女媚向夫人送饭时，饭中有一根半寸长的杂草。国君和夫人大怒，要治这两人的罪。按照卫国法律，给国君和夫人提供的饭菜中有杂物，要判处死刑。史猷负责审理此案，经过一番仔细调查后，认为两人无罪，婢女媚应该赐给新衣服。国君听了非常吃惊，责问史猷为什么要如此判决。史猷向国君详细讲述了案件的侦查过程，通过对切肉的刀和案板进行勘验，说明肉上的头发不是切肉时留下的，因为用来切肉的刀刚刚磨过，非常锋利。用这么锋利的刀在菜板上切肥牛肉，连筋带肉都能剁开。烤肉一块不过一寸大，而三寸长的头发偏偏没有切断，足以证明不是切肉者的过错。而通过勘察烤肉工具，发现烤肉上的头发并无炙烤的痕迹，肉都烤得发焦，而三寸长的头发偏偏烤不焦，据此推断头发是国君自己的。国君在梳头发时，侍从在旁边给他扇风，这时烤肉正好呈上，于是国君的头发就落在烤肉上。为了证实史猷推断是否正确，在征得国君同意后，史猷还做了现场再现实验。国君让人把烤肉放在他面前，让人从背后扇扇子，结果就有两根头发飞进烤肉中去了，从而证实史猷的推断完全成立。史猷在对国君夫人饭中有草一事进行调查过程中，首先对夫人饭厅进行勘验，发现处处整洁，饭厅没有草，也没发现有草进入饭厅的通道。通过对侍婢媚住室进行勘验，发现婢媚用的草席破旧，绳子断裂，草席支离破碎，而媚穿着破旧衣服，睡在破草席上,破席子的草粘在棉絮之上,而且席子上的草与饭中的草相同,可以推断饭中之草是侍婢媚在给夫人送饭时不慎落入饭中的,媚在主观上并无过错。

此案中的司法官史献成功地运用了推理的方式发现了案件的事实真相,同时又通过侦查实验、现场再现的方式验证了推理的结果。在整个案例的叙述过程中,没有证人证言,也没有当事人陈述,只有现场勘验、物证的比对,以及为证实推理正当所做的现场再现实验。这种对案件事实的认定达到真实再现的目的,其断案结果使人口服心服。

二、一波三折:简帛法律文献中的案件调查过程

"苟冒、舒庆杀人案"是包山楚简案卷里最为详尽的一则重大刑事案件,共有9支简(131—139,另有132背、125背、137背、138背、139背),在本案中,涉案双方都控告对方杀人。

本案案发时间在宋客盛公边之岁(周慎靓王三年,前318年)四月癸巳之日,地点在阴(今湖北省老河口市境内),原告舒庆控告苟冒、桓卯共同杀害其兄长舒䏮(rèn)。他将诉状上报给

子宛公(楚国宛郡长官),子宛公命令隈右司马彭怿制作拘捕文书,派歅(jīn)客、庆李、百宜君三人去拘捕苛冒、桓卯。结果,苛冒被捕获,而桓卯自杀了。子宛公嘱令歅客断案。苛冒、桓卯共同杀害舒呦一事,有陈脖、陈旦、陈越、陈卹(xù)、陈宠、连利六人作证。但歅客没有断案,却将舒庆的兄长盈、父亲迣(zhōu)抓起来了,而且长久不作判决。于是左尹指令汤公迅速断案。在案发起诉十四个月之后,即东周之客许盈归胙于莪(qiū)郢之岁(周慎靓五四年,前317年)六月甲午日,左尹派鬶(chuí)尹杰驾驿车从郢都前来督察办案,并送来此案的文档包括处理意见。

七月癸丑日那天,阴县的司败某早向汤公竞军报告:中央官署的批复文书将阴人桓䅯(juàn)、苛冒、舒迣、舒盈、舒庆的案子移交给阴之正,由他审理此案。

由此,此案进入复审阶段。在听狱环节中,当事双方在阴县县廷申述案由时,各执一词。现在原告已由舒庆变成舒迣、舒盈,而舒庆已经逃跑了。

舒迣、舒盈坚持原有主张:是苛冒、桓卯杀害舒呦的,而舒迣、舒盈和舒庆的确没有杀害桓卯,桓卯是自杀的。舒庆为什么要逃跑呢?因为上次舒庆上告时,歅客不仅没有断案,却将舒庆的兄长舒盈、父亲舒迣都抓起来了,事出有因。舒庆可能预感到官司要输,或是心中有鬼,走为上计,就逃掉了。

被告桓䅯、苛冒否认桓卯是自杀的,而是被舒庆、舒盈、舒迣共同杀死的。

现在原告反而成了被告,反诉和本诉同时存在,二者一并审理。

五月癸亥日那天,执事人为此举行了盟证。盟证时间发生在听狱之前,参与人数众多,做盟证的人一共有二百一十一人。做了盟证之后都说:"听说舒庆杀死了桓卯,其实是舒迖、舒盝与舒庆一起干的。苛冒、桓卯并没有杀害舒呁。"于是,舒盝被拘捕。此案还没有判决,舒盝却越狱逃走了。

此案上报给了左尹,汤公竞军作了如下汇报:"视日(主审官)将舒庆的申诉交付给我,命令我迅速处断。阴县长官已经命令他们做了盟证。舒庆逃走,舒盝越狱,其他人被拘捕,准备到时处理。视日执事人受命去瀿(shì)上恒传达指令,我托他向左尹汇报。"

阴人舒盝提供的证人有:阴人御君子陈旦、陈龙、陈无正、陈慧以及戠客、百宜君、大史连中、左关尹黄惕、沈佐蔡惑、平射公蔡冒、大谍尹连且、大厨尹公宿必、戠(shī)三十。

左尹以楚王的命令嘱告子宛公,命令瀿上的戠(zhí)狱为阴人舒盝做盟证,在此文书中为有诉求的人作证。

舒盝的对方当事人在舒盝之后依次作证,其中有怨仇的不可作证,同社、同里、同官的也不可以作证,亲近之人直至从父兄弟都不可以作证人。

本案没有交代杀人的起因,原被告双方都避而不谈杀人起因,作案动机无从知晓。不过,从简文透露出的信息,可以确定它的性质是仇杀。在案件审理过程中,当事双方都信誓旦旦地指责对方杀人,究竟谁才是杀人者,简文中没有给出结论。舒庆说桓卯是自杀,而桓䅲、苛冒说是他杀,凶手就是舒庆。桓卯已死,死因不明。不过,苛冒、桓卯共同杀害舒呁应是可以确定的事实。按通常情况判断,苛冒、桓卯共同杀害了舒叨,桓卯不可能自杀;之所以有自杀之说,是出于舒庆之口。从中可以推测,舒叨被杀害,舒庆得知消息,前去为其兄报仇,在厮杀中可能将桓卯杀死。或许桓卯没有当场断气,舒庆一口咬定他是自杀。桓䅽、苛冒当然要起而反击,认定桓卯为舒庆所杀害。

舒庆在听狱之前就逃跑了,逃跑的原因可能有二:一是桓卯是他杀害的;另一种可能桓卯虽是自杀,但舒庆怕被陷害,无处诉冤。虽然此案没有审结,但原告舒庆很可能败诉,原因除了事实上的仇杀,还取决于诉控双方背后地方势力的强弱对比。舒庆是秦竞夫人之人,代表外来势力的秦竞夫人有着无形的影响力。而另一方是阴县长官。在本案审理中是坚持属地原则,本案初审就显露端倪,代表本土势力的斁客根本没有理睬舒庆的诉状。

本案审理结果亦不清楚。关于此案没有审结的原因,可能有三点:一是左尹没有掌握凶手是谁的充分证据;二是两造双方势均力敌,特别是被告一方的影响太大,左尹左右为难;三是左尹重病在身,临终之时,无暇顾及。为维护社会安定,搁置是最明智的选择。以致成为疑案,拖宕着,不了了之。[1]

---

[1] 张伯元:《苛冒、舒庆杀人案》,载《包山楚简案例举隅》,上海:上海人民出版社,2014年,第169页。

三、狼狈为奸,沆瀣一气:
简帛法律文献中的共同犯罪案

共同犯罪是指二人以上共同故意犯罪。二人以上共同犯罪时,如果是罪行严重,秦汉法律则不区分主犯、从犯,不论是实施罪行的,还是仅帮助实施罪行的,或是仅参加合谋的,全都要处以同一刑罚,这就是秦律、汉律处罚共犯的原则。①

在睡虎地秦简中严惩故意犯罪和知情不报者。睡虎地秦简《法律答问》4:"甲谋遣乙盗,一日,乙且往盗,未到,得,皆赎黥。"②甲是主谋,派遣乙去盗窃,有一天乙去盗窃,还未走到目的地就被抓获,甲乙二人均被判处黥刑。但对于他人的犯罪行为不知情者不予惩罚。如睡虎地秦简《法律答问》9-11:"甲盗,赃值千钱,乙知其盗,受分赃不盈一钱,问乙何论?同论。甲赃不盈一钱,行乙室,乙弗觉,问乙论何殹(也)?毋论。其见知之而弗捕,当赀一盾。甲盗钱以买丝,寄乙,乙受,弗知盗,乙论何殹(也)?毋论。"③如果甲盗窃他人财物,乙知情而且分赃,无论钱数多少都与甲同样论罪。但如果甲盗窃了钱财,乙没有发觉,则不论罪。如果乙知情而不抓获甲,则罚一盾。

---

① [日]水间大辅:《〈岳麓简(三)〉所见的共犯处罚》,《华东政法大学学报》2014年第3期,第33页。
② 睡虎地秦墓竹简整理小组编:《睡虎地秦墓竹简》,北京:文物出版社,1990年,第94页。
③ 睡虎地秦墓竹简整理小组编:《睡虎地秦墓竹简》,北京:文物出版社,1990年,第96页。

如果是重案，所犯罪行严重，所有参与者，不考虑参与程度，一律严惩。张家山汉简[247号墓]《二年律令·钱律》202-203："盗铸钱及佐者，弃市。知人盗铸钱，为买铜、炭，及为行其新钱，若为通之，与同罪。"凡是非法铸钱以及帮助非法铸钱的行为，均要处以弃市。

其他轻案，共同犯罪者会根据其参与的程度定罪量刑。睡虎地秦简《法律答问》12："甲乙雅不相知，甲往盗丙，纔到，乙亦往盗丙，与甲言，即各盗，其赃值各四百，已去而偕得。其前谋，当并赃以论；不谋，各坐赃。"①甲乙素不相识，甲去丙处盗窃，刚到丙家，乙也前往丙处盗窃，并与甲各自盗窃财物四百钱，后均被拿获。如果他们事前有合谋，按共同盗窃论处；如果事前无共同合谋，按各自盗窃的财物论处。睡虎地秦简《法律答问》14-16："夫盗千钱，妻所匿三百，何以论妻？妻知夫盗而匿之，当以三百论为盗；不知，为收。夫盗三百钱，告妻，妻与共饮食之，何以论妻？非前谋殹（也），当为收；其前谋，同罪。夫盗二百钱，妻所匿百一十，何以论妻？妻知夫盗，以百一十为盗；弗知，为守赃。"②如果丈夫盗窃了三百钱，告诉了妻子，妻子与丈夫一起用于饮食，对妻子的行为如何论处？如果事前没有合谋，收为奴婢；如果事前有合谋，按共同盗窃论处。丈夫盗窃了二百钱，妻子藏匿了一百一十钱，对于妻子的行为如何论处？妻子如果知情，按盗窃一百一十钱论罪；妻子如果不知情，按收藏

---

① 睡虎地秦墓竹简整理小组编：《睡虎地秦墓竹简》，北京：文物出版社，1990年，第96页。
② 睡虎地秦墓竹简整理小组编：《睡虎地秦墓竹简》，北京：文物出版社，1990年，第97页。

赃物论处。

凡是教唆未成年人犯罪者从重处罚。睡虎地秦简《法律答问》67："甲谋遣乙盗杀人，受分十钱，问乙高未盈六尺，甲何论？当磔（zhé）。"①甲主谋让乙盗窃杀人，并且分到了十钱，问乙身高不盈六尺，甲应当如何论处？甲应车裂。这是因为教唆未成年人犯罪，主观恶性较大，故应从重处罚。②

包山楚简《集箸言》第120-123号简记录了周客监臣逅楚之岁（周慎靓王二年，前319年）郏倦窃马杀人案，③此案应是上任左尹留下未决的旧案，属于共同杀人的案例。本案中杀人犯是郏（fū）倦（quán）等人，案件从原告报案到抓捕被告人，仅仅经过两天，可见当时地方官府对杀人案件是极为重视的。不过仅有被告郏倦被捕，其他三名同案犯却畏罪潜逃。后来郏倦病死在拘押场所，此案的最终结果从简文中也无从得知。

周客监臣逅楚之岁享月乙卯之日，下蔡荨里人余猬告下蔡𫠔执事人、阳城公美罼。猬言谓：郏倦窃马于下蔡而偾之于阳城，又杀下蔡人余罼，小人命为盱以传之。阳城公美罼命惊郏、解句传郏倦得之。享月丁巳之日，下蔡山阳里人郏倦言于阳成公瞿罼、大渔尹屈、郢阳莫嚚臧献、余羊。倦言谓：小人不信窃马。小人信卡下蔡关里人雇女返、东邨里人场贾、荑里人竞不害亼杀余罼于竞割之官，而相卡弃之于大路。竞不害不致兵焉。

①睡虎地秦墓竹简整理小组编：《睡虎地秦墓竹简》，北京：文物出版社，1990年，第109页。
②程政举：《先秦诉讼制度研究》，北京：商务印书馆，2022年，第142-144页。
③湖北省荆沙铁路考古队编：《包山楚简》，北京：文物出版社，1991年，第25页。

予执场贾,里公郏省、士尹䌷缜返予,言谓:场贾既走于前,予弗及。予执雇女返,加公臧申、里公利臤返予,言谓:女返既走于前,予弗及。予执竞不割,里公吴拘、亚大夫宛乘返予,言谓:不割既走于前,予弗及。予收郏倦之伇,加公范戍、里公余□返予,言谓:郏倦之伇既走于前,予弗及。郏倦未至断,有疾,死于宿。雇女返、场贾、竞不害皆既盟。

本案可分成四部分,首先是犯罪嫌疑人郏(fū)倦(quán)被拘捕。在(周慎靓王二年,前319年)六月乙卯之日,下蔡(今安徽寿县境内)荨里人余猾向阳城公兼处理下蔡厩事务的瞿翠(zé)提起控诉。余猾告称:"郏倦在下蔡偷窃了马,然后将马卖到阳城,而且郏倦很可能杀害了下蔡人余翠,小人受命在暗中监视他。"于是阳城公瞿翠(zé)命令倞郏、解句将郏倦拘捕到案。

第二部分是案件审理。两天后,下蔡山阳里人郏倦到案,阳城公瞿翠(地方长官)、大鲅(渔)尹屈(管理山林水泽等经济)、郫阳莫嚣臧献(管理军事)、余羋(xīng)(身份不明)四人主持审理此案。郏倦辩称:"小人没有偷窃马,小人和下蔡关里人雇女返、东邗里人场贾、黄里人竞不害共同在竞不割的作坊里将余翠杀害,然后将尸体丢弃到大路上。其中,竞不害没有动用凶器杀人。"从中可见,在这个案件的审理中只有被告的陈述,没有法庭辩论,司法官员审讯的主要方面涉及作案地点、作案人、作案手段以及被害人尸体处理。

第三部分是追捕同案犯。发文传唤场贾、雇女返、竞不害,可是当地官员都回复称案犯在命令到达之前已经不见了。同案犯均畏罪潜逃,办案陷入僵局。于是下命令将郏倈的家室收监,可是加公范戌、里公余□回复称:"郏倈的家室在命令到达之前已经不见了,无法送达传唤命令。"从中可见,追捕犯人必须持有拘捕证"乑";必须两人以上,不能单独行动。很可惜的是,本案同案逃犯全部逃脱。

第四部分是案件的处理。后来,犯罪嫌疑人郏倈因病死在囚禁的场所,尚未最终定案判决。同案犯雇女返、场贾、竞不害三人均已作出供词,这三人本来都已经逃脱,为何在郏倈病死后又到案,原因不明。

该案的原告是下蔡荨里人余獝,被告为下蔡山阳里人郏倈,二人同属下蔡,只不过是居住于不同的里而已。因此,若依属人原则,本案应归下蔡地方官府管辖。不过,若依属地原则,本案发生地涉及两个地方——下蔡与阳城。按原告讼称,被告郏倈在下蔡窃马并杀了被害人余罿(下蔡人,与原告同氏,应是同族),卖马是在阳城,原告向阳城公起诉,究其原因,除了被告销赃行为(卖马)发生地为阳城这一因素外,当是因为起诉之时被告人郏倈还身在阳城,便于就地抓捕。而被告人郏倈在案件还未裁决之前就已经病死在拘禁场所。之前无法寻找的三位当事人雇女返、场贾、竞不害三人不知是何原因到官府完成盟证程序。此案最终结果不得而知。①另外,盟证属于调查程序,是由证人所在地的官府主持。尽管案件已经上报楚王廷并转给中央司法机构左尹,但是中央没有直接调查案件,而是下令地

---

① 王捷:《包山楚司法简考论》,上海:华东政法大学博士学位论文,2012年,第178页。

方官员进行调查,这在一定程度上说明了地方和中央的司法职权分工——上级断案,下级调查。

本案中疑点重重,主要有以下五点。

一是郑偻为什么承认了杀人,却不承认自己盗马?

按照现代人的想法,既然你承认了杀人,那么盗马与否就显得无足轻重了。郑偻是否盗马,无法对证。阳城公瞿罢没有理会盗马情节,因为盗马卖到阳城,很可能与阳城有牵连。

二是雇女返、场贾、竟不害三人畏罪潜逃,地方基层官员亲自追捕,却都扑了个空,没有抓到。但在郑偻病死后他们又自动投案,是否是慑于官府的威慑力而自动投案自首的?

三名逃犯畏罪潜逃后,地方官员四面出击,积极主动,布下天罗地网,但效果却差极了,居然一个也没有抓到,好像是事先走漏了风声。更不可思议的是,在郑偻病死囚所后,三人又全都到案了,而且官府和他们三个订了盟誓。如果三人是自首,证明官府有强大的威慑力。若是被抓回来的,证明官府完全有缉拿能力。不过,三名同案犯自动投案的可能性比较小。

三是在案子还未审结,同案犯逃之夭夭,官府就下逮捕令去抓捕郑偻的妻儿,收为官奴婢,有悖常理。地方司法官员为什么会如此匆忙做出决定?

四是杀人犯主谋郑偻为什么突然病死在监牢中,患病情况如何,有没有法医检验,案件都没有交代。如此蹊跷的事情,背后是否隐藏着内部交易的黑幕,不得而知。

五是同案犯为什么到案后以"盟"的形式了事。

三名共案犯都动了手,还一起将受害人的尸体抛到大路边,怎么没有追究他们的罪行,而是一"盟"了之。这一连串的疑点,都列于左尹邵佗清理视野之内,他之所以将此案文书收存在自己身边,很可能是准备复查用的,不过由于自己病重,身不由己,无法再进行核查。①

《岳麓秦简(叁)》中《为狱等状四种》案一"癸、瑣相移谋购案"(1正-30正)内容如下:

秦王政二十五年(前222年)的一天,在南郡州陵县辖境内发生"群盗"(五人及其以上的盗贼集团),男子治等八人、女子二人共十人"盗杀"(抢劫杀人)案件。案发后,州陵县守绾下令校长(主要职责是捕盗,维护地方治安)癸、令佐行带领求盗柳、轿、沃追捕治等。罪犯治等逃入了其相邻的南郡沙羡县,但被正在山上砍伐木材的戍卒瑣、渠、乐、得、潘、沛捕获。被捕之后,治等四人供称自己是秦国人,是逃出本国亡命的,犯了"邦亡"(逃出国境)之罪,其他人则都不交代自己的罪行。

瑣、渠、乐押送治等去沙羡县廷,想告发治等,以得到捕获罪人的奖赏。但走到半路上瑣等人意识到,因为不知道除了治等四人以外的人犯了何种罪,所以不能告发。

校长癸、令佐行清楚其他人犯了何种罪,于是哄骗瑣等说:"你们押送犯人,却不知他们犯了什么罪,送到官府也不能告发,不如把嫌疑犯交给我们吧。治等犯了'杀人'之罪,我们把他们押送到州陵县,后面会把得到的奖赏全都给你们。"癸、行对瑣等约定,从瑣等手中接收治等,以享受领取奖赏的权利,日后将逮捕死罪罪犯的奖赏转让给瑣等。癸等将一份合同交给

---

①张伯元:《包山楚简案例举隅》,上海:上海人民出版社,2014年,第97-108页。

琐等,其内容是日后支付捕获死罪罪犯的奖赏,又将自己的两千钱作为定金交给琐等。

四月初五日,癸、柳、轿、沃四人将治等十人押送到州陵县廷,告发他们"群盗盗杀人",欲得到逮捕群盗的奖赏,但被发觉有欺骗行为,结果癸、琐等均被逮捕。

校长癸等对戍卒琐等说治等犯了"杀人"之罪,没有说治等是犯了"群盗盗杀人"之罪。秦律、汉律一般将杀人按照行为者的意思或行为分为盗杀、谋杀、贼杀、斗杀、戏杀、过失杀等类型,其中盗杀、谋杀、贼杀、斗杀均要处以死刑。据该案例,逮捕死罪罪犯十人,则要奖赏四万三百二十钱,而逮捕群盗十人,则要奖赏两倍,共八万六百四十钱。癸等的计划很可能是,癸等从州陵县领取逮捕群盗的奖赏八万六百四十钱,将其中四万三百二十钱支付给琐等,以骗取差额的四万三百二十钱。癸等因此没有对琐等说治等所犯之罪是"群盗盗杀人"这一特殊的杀人罪。在秦汉时期,逮捕罪人,却向他人转让领取逮捕罪人应获奖赏的权利是被禁止的。睡虎地秦简《秦律杂抄·捕盗律》38有:"捕人相移以受爵者,耐。"[1]这条律文规定,逮捕罪人,向他人转让领取逮捕罪人应获奖赏的权利,以让他人领取爵位者,则要处以"耐"刑。睡虎地秦简《法律答问》139"有秩吏捕阑亡者,以界乙,令诣,约分购,问吏及乙论何也? 当赀各二甲,勿购"[2]。有秩吏捕获逃亡出关的人,把犯人交给乙,叫乙送交官府,约定

---

[1] 睡虎地秦墓竹简整理小组编:《睡虎地秦墓竹简》,北京:文物出版社,1990年,第89页。
[2] 睡虎地秦墓竹简整理小组编:《睡虎地秦墓竹简》,北京:文物出版社,1990年,第125页。

同分奖金,问吏和乙应如何论处? 应各罚二甲,不予奖赏。由于有秩吏本有缉拿阑亡者的义务,却弄虚作假,所以不仅不给奖赏,反而要加以惩罚。张家山汉简[247号墓]《二年律令·捕律》154-155①、张家山汉简[336号墓]《汉律十六章·捕律》220-222②有"数人共捕罪人而独自书者,勿购赏。吏主若备盗贼、亡人而捕罪人,及索捕罪人,若有告劾非亡也,或捕之而非群盗也,皆勿购赏。捕罪人弗当,以得购赏而移予它人,及诈伪,皆以取购赏者坐赃为盗"。几个人共同捕获罪犯而只有一人登记,不能给予奖赏。主管官员如果是因为防备盗贼、逃亡犯而捕获罪犯的,以及搜捕罪犯,或者是他人告发而罪犯没有逃亡,因而捕获罪犯,但只是一人而不是群盗,这些情况都不能实行奖赏。捕获的罪犯属于不当得到奖赏之列,但还是因此而得到了奖赏并转给其他人,以及有欺诈行为,这些都是为取得奖赏而坐赃为盗的行为。

五月十八日,审理本案的州陵县守令绾、丞越、史获三人根据"盗未有取吏赀法成"这一法规判定校长癸、戍卒璜等均处以"赎黥"刑,其中癸与令佐行除此以外,还要去衡山郡戍守边三年,用来抵充法定赎额。至于戍卒沛等,没有论罪。

然而,监御史康认为此判决不当,因为尚未将癸等交给璜等的二千钱一事论罪,命令绾等重新考虑判决。绾等重新议论,结果得出了两种意见。一种意见认为,对癸、璜等的判决没

---

① 张家山二四七号汉墓竹简整理小组:《张家山汉墓竹简[二四七号墓](释文修订本)》,北京:文物出版社,2006年,第29页。
② 荆州博物馆编、彭浩主编:《张家山汉墓竹简[三三六号墓]》(上册),北京:文物出版社,2022年,第193-194页。

有问题。另一种意见认为,应对癸、琐等处以"耐候(劳役刑)"。然而,绾等不能判断应该采用哪一种意见。六月二十八日,上书南郡,请求裁决应该作出何种判决。

七月十日,南郡代理太守贾回复,应该根据以下律文处罚:"收人所送财物,因而破坏法律,如果因破坏法律而所犯的罪在赀罪以上,收钱的人、送钱的人都按照赃款价值判为盗罪。"

本案实际上前后有三种处理意见:(1)州陵县守令绾、丞越、史获初审:校长癸、戍卒琐等均处以赎黥。此外,癸、令佐行还剥夺其吏的身份,去衡山郡戍守三年。(2)州陵县守令绾等重审此案:癸、琐等均处以耐候。(3)南郡假守贾终审:癸、琐等均作为盗罪处罚(没有明确记载具体处罚)。因负责初审的州陵县官员绾、越、获对被告人判决过轻,被判处"赀一盾"的刑罚。

其中,前两种处理意见虽然处罚不相同,但在将全体共犯者处以同一刑罚这一点上没有差别。在本案中,令佐行虽然参加罪行的合谋,但自己没有去请求奖赏。琐等亦没有去州陵县。虽然如此,本案中却不论共犯者所起作用处以同一刑罚。第三种处理意见没有明确记载具体处罚,但秦律规定,盗窃六百六十钱以上价值的财物,则要处以黥城旦舂,假使秦律处罚共犯的原则还是将全体共犯者处以同一刑罚,则癸、琐等全都应处以黥城旦。①

另外,本案中没有记载群盗治等被处以何种刑罚。睡虎地秦简《法律答问》125-126有"群盗赦为庶人,将盗械囚刑罪以

---

① [日]水间大辅:《〈岳麓书院藏秦简(叁)〉所见的共犯处罚》,《出土文献与法律史研究》第三辑,上海:上海人民出版社,2014年,第28-29页。

上,亡,以故罪论,斩左止为城旦,后自捕所亡,是谓处隐官"[①]。张家山汉简[247号墓]《二年律令·盗律》65-66[②]、张家山汉简[336号墓]《汉律十六章·盗律》61-62[③]有"群盗及亡从群盗,殴折人肢、胅体,及令跛蹇,若缚守将人而强盗之,及投书、悬人书,恐猲人以求钱财,盗杀伤人,盗发冢,略卖人若已略未卖,矫相以为吏、自以为吏以盗,皆磔"。群盗以及跟随群盗的亡命之徒,殴打弄折人的肢体、使人脱臼,以及使人脚不正、关节不能弯,或者将人捆起来带走,并且进行了抢劫,以及投匿名信、悬人书,恐吓人以谋取钱财,偷窃并杀伤人,盗掘坟墓,强行绑架人并将人卖掉或者已经绑架但没有卖掉,穿官吏服装假冒官吏以及自称官吏假冒官吏进行抢劫,都处以磔刑。可见,群盗所犯各种罪行皆要处以磔。假使秦律处罚共犯的原则是将全体共犯者处以同一刑罚,则治等亦全都应处以磔刑。

  本案最终处理结果主要法律依据与睡虎地秦简、张家山汉简中的律文条文相符,变化不明显,延续性很强,只有对官吏治狱有失的处罚有明显波动。

---

① 睡虎地秦墓竹简整理小组编:《睡虎地秦墓竹简》,北京:文物出版社,1990年,第123页。
② 张家山二四七号汉墓竹简整理小组编:《张家山汉墓竹简[二四七号墓](释文修订本)》,北京:文物出版社,2006年,第17页。
③ 荆州博物馆编、彭浩主编:《张家山汉墓竹简[三三六号墓]》(上册),北京:文物出版社,2022年,第172页。

四、昭雪天下：
秦汉简帛文献中的冤案处理

张家山汉简[247号墓]《奏谳书》第十七个案例"毛诬讲盗牛案"①（简99-123）主要讲述了秦王政元年（前246年）十二月十六日，雍（今陕西省宝鸡市凤翔区南）市亭负责人庆以书面报告县廷，说有士伍（即无爵的成年男子）毛来卖一头牛，经过盘问，怀疑牛是毛偷来的，于是送交审讯。此案由令史腾讯问，毛开始交代是独自偷盗了士伍的牛，后经核对言论不实，结果被严加拷打，毛又改口说是和乐人讲一起偷的。讲被捕后，由史铫来讯问。讲开始再三辩解说自己没有参与偷牛，遭受拷打之后，被迫承认自己与毛一起偷牛。第二年二月十七日，丞昭、史敢、铫、赐进行审判，将讲黥为城旦，于是冤案便形成了。重审中，审判官听取了讲和毛叙述惨被拷打的经过，检验了他们身体上的伤瘢，讲的冤情于是大白。重审者行文至关押讲的县，免除讲的刑徒身份，让他做隐官（在不易被人看见的处所工作的工匠）。因讲判刑而已被卖为奴的讲的妻、子，均由公家出钱赎回。这一文书的副本，也送交原判处讲的雍邑。

对于乞鞫②案，应由原审的上级审判机关审理，不仅要审讯原案当事人，还要讯问负责原审的官吏，找出造成错判的原因。

---

① 张家山二四七号汉墓竹简整理小组编：《张家山汉墓竹简[二四七号墓]》(释文修订本)，北京：文物出版社，2006年，第100-102页。
② 乞鞫，是指当事人及其亲属不服已经生效的狱案判决向司法官吏或司法机关提出请求，要求司法机关对该案进行重新审理的一种诉讼行为。

如果有冤假错案，复审后不仅要撤销原判并行文通知受害人原籍政府，并且要赔偿因错判而给受害人以及受连坐者带来的损害。

本案审理过程如表2-4-1所示：

表2-4-1 "毛诬讲盗牛案"诉讼环节[1]

程序		案件文辞
乞鞫		四月丙辰，黥城旦讲乞鞫，曰：故乐人，不与士伍毛谋盗牛，雍以讲为与毛谋，论黥讲为城旦。（简99）
覆狱	被告陈述	毛曰：盗士伍牸牛，毋它人与谋。（简100）
		毛改曰：乃已嘉平后五日，与乐人讲盗士伍和牛，牵之讲室，讲父士伍处见。（简100-101）
		毛改曰：十月中与谋：南门外有纵牛，其一黑牝，类抏易捕也。到十一月复谋，即识捕则纵。讲且践更，讲谓毛勉独捕牛，卖，分讲钱。到十二月已嘉平，毛独捕，牵卖雍而得。（简104-105）
		讲曰：践更咸阳，以十一月行，不与毛盗牛。（简103）
	证言	曰：不亡牛。（简100）
		处曰：守汧邑南门，已嘉平不识日，晦夜半时，毛牵黑牝牛来，即复牵去。不知它。（简101）
		和曰：纵黑牝牛南门外，乃嘉平时视，今求弗得。以毛所盗牛献和，和识，曰：和牛也。（简102-103）
	诘问	诘讯毛于讲，讲改辞如毛。（简105）
	鞫案	其鞫曰：讲与毛谋盗牛，审。（简105-106）
	断狱	二月癸亥，丞昭、史敢、铫、赐论，黥讲为城旦。（简106）
复审	原告陈述	今讲曰：践十一月更外乐，月不尽一日下总咸阳，不见毛。史铫初讯谓讲，讲与毛盗牛，讲谓不也，铫即磔笞讲背可十余伐。居数日，复谓讲盗牛状何如？讲谓实不盗牛，铫又磔讲地，以水溃讲背。毛坐讲旁，铫谓毛，毛与讲盗牛状何如？毛曰：以十月中见讲，与讲盗牛。讲谓不见毛，弗与谋。铫曰：毛言而是，讲讲而弗□。讲恐复笞，即自诬曰：与毛谋盗牛，如毛言。其情讲不与毛谋盗牛。（简106-109）

[1] 本表参见张琮军：《秦汉刑事证据制度研究》，北京：中国政法大学出版社，2013年，第72-76页。

续表

程序		案件文辞
复审	双方质辩	毛曰：十一月不尽可三日，与讲盗牛，识捕而复纵之，它如故狱。(简110–111) 讲曰：十月不尽八日为走马魁都佣，与偕之咸阳，入十一月一日来，即践更，它如前。(简111) 毛改曰：诚独盗牛。初得时，史腾讯，毛譓谓盗牝牛。腾曰：谁与盗？毛谓独也，腾曰非情，即笞毛背，可六伐。居八九日，谓毛：牝不亡牛，安亡牛？毛改言情，曰：盗和牛，腾曰：谁与盗？毛谓独也，腾曰毛不能独盗，即磔笞毛背臀股，不审伐数，血下污地。毛不能支笞疾痛，即诬指讲。讲道咸阳来。史铫谓毛：毛盗牛时，讲在咸阳，安道与毛盗牛？笞毛背不审伐数。不与讲谋，它如故狱。(简112–115)
	证言	和曰：毛所盗牛雅扰易捕。它如故狱。(简115) 处曰：讲践更咸阳，毛独牵牛来，即复牵去。它如故狱。(简115–116) 魁都从军，不讯；其妻租言如讲。(简116)
	诘问	毛苟不与讲盗牛，覆者讯毛，毛何故不早言情？(简116–117) 毛曰：覆者初讯毛，毛欲言情，恐不如前言，即复笞，此以不早言情。(简117) 诘毛：毛苟不与讲盗，何故言曰与谋盗？(简117–118) 毛曰：不能支疾痛，即诬讲，以彼笞，罪也。(简118)
	验证	诊毛背，笞朋瘢相质伍也，道肩下到腰，稠不可数，其臀瘢大如指四所，其两股瘢大如指。(简118–119)
	旁审	腾曰：以毛谩，笞。它如毛。(简119) 铫曰：不知毛诬讲，与丞昭、史敢、赐论盗牛之罪，问如讲。(简119–120) 昭、敢、赐言如铫，问如辞。(简120)
	鞫案	鞫之：讲不与毛谋盗牛，吏笞掠毛，毛不能支疾痛而诬指讲，昭、铫、敢、赐论失之，皆审。(简120–121)
	判决	覆之，讲不盗牛。讲系子县，其除讲以为隐官，令自尚，畀其於於。妻子已卖者者，县官为赎。它收已卖，以价畀之。及除坐者赀，赀已入还之。(简122–123)

此案具有三项特点：一是法官注意主客观证据之间的相互印证。不仅查验伤情，并且询问相关证人，验证讲、毛陈述的真

实性,这是最终认定案件事实的关键因素。二是全面核验案情,复审中法官首先对原审材料进行仔细审查,随后仔细讯问乞鞫者讲与共同被告人讲的父亲处、妻子租以及被盗牛的主人和。三是复审中法官不仅讯问两名被告人,询问相关的证人,还对原审官吏丞昭、史腾、史敢、史赐等人员进行调查讯问,通过他们的言辞也能印证两名被告人的口供真实性。

1989年10月—12月,由湖北省文物考古研究所主持,孝感地区博物馆和云梦县博物馆参加组成的考古队,在云梦龙岗配合工程建设发掘了九座秦汉墓葬。其中M6棺内出土一枚木牍,相当于判决书的副本,或是"平反证明书"。

"鞫之:辟死,论不当为城旦。吏论失者。已坐以论。九月丙申,沙羡丞甲、史丙,免辟死为庶人。令(正面)自常也。(背面)"①

法官二审判决,认定一审论定辟死为城旦的判定无效,一审误判的官吏也被依法处理。九月丙申日,沙羡县丞甲、史丙宣布赦免辟死为庶人,恢复其自由。由于辟死曾因官吏的误判而蒙冤,好在有二审的改判,才平反昭雪。想来这一案件的审理颇费周折,对辟死的身心也造成很大的伤害,所以他对此格外重视,故死后仍带在身上。木牍出于墓主的腰部正好说明了这一点。

---

① 中国文物研究所、湖北省文物考古研究所编:《龙岗秦简》,北京:中华书局,2001年,第144-145页。

五、铁腕治贪：
简帛法律文献中的贪污案解析

通过简帛法律文献,可以看出秦汉时期国家有一套较为严密的国有财物管理制度机制在运转。政府机构对国有财物的收支和保存进行管理和监督,包括簿籍登记、报告,会计核算(计簿),检查(清点与核验),保管、使用,责任追究等制度,严惩从中央到地方各级政府的官吏假公济私、化公为私、盗窃国有财产及公共财物的行为。

如睡虎地秦简《秦律十八种·仓律》《秦律十八种·金布律》对国家粮食的贮存保管和发放,货币流通,市场交易等都作了规定。《仓律》46:"月食者已致禀而公使有传食,及告归尽月不来者,止其后朔食,而以其来日致其食;有秩吏不止。"[①]此律规定按月领取口粮的人员,如果因公出差,则由沿途驿站供给饭食,或者休假至月底仍不归来的,应停发其下月口粮,直到回来的时候再行发给粮食,有秩的吏则不停发。

《传食律》是关于驿传供给饭食的法律规定,简179-180有"御史、卒人使者,食粺米半斗,酱四分升一,菜羹,给之韭葱。其有爵者,自官士大夫以上,爵食之。使者之从者,食䊂米半斗;仆,少半斗"[②]。御史和卒人的使者出差,每餐粺米(精米)半

[①] 睡虎地秦墓竹简整理小组编:《睡虎地秦墓竹简》,北京:文物出版社,1990年,第31页。
[②] 睡虎地秦墓竹简整理小组编:《睡虎地秦墓竹简》,北京:文物出版社,1990年,第60页。

斗,酱四分之一升,有菜羹,并供给韭葱。如系有爵的人,爵为大夫、官大夫以上的,按其爵级规定供应饭食。出差者的随从,每餐粝米(粗米)半斗;驾车的仆,粝米三分之一斗。

与之相似,张家山汉简[247号墓]《二年律令·传食律》233-237规定:"丞相、御史及诸二千石官使人,若遣吏、新为官及属尉、佐以上征若迁徙者,及军吏、县道有尤急言变事,皆得为传食。车大夫稗米,半斗,参食;从者粝米,皆给草具。车大夫酱四分升一,盐及从者人各廿二分升一。食马如律,禾之比乘传者马。使者非有事,其县道界中也,皆毋过再食。其有事焉,留过十日者,稟米令自炊。以诏使及乘置传,不用此律。县各署食尽日,前县以推续食。食从者,二千石毋过十人,千石到六百石毋过五人,五百石以下到三百石毋过二人,二百石以下一人。使非吏,食从者,卿以上比千石,五大夫以下到官大夫比五百石,大夫以下比二百石;吏皆以实从者食之。诸吏乘车以上及宦皇帝者,归休若罢官而有传者,县舍食人、马如令。"①此条律文规定丞相、御史以及二千石官派人出差,假使派遣官吏、新任官员以及附属尉、佐以上或者迁徙者,以及军队官吏、县道因为特别紧急的事情为国家办事者,都可由传所提供膳食和马匹草料。车大夫每餐稗米半斗,早晚两餐各三分之一斗,随从人员每餐粝米半斗,都提供吃草菜的馈具。车大夫每餐酱四分之一升,盐每餐和随从人员一样为二十二分之一升。按照法律规定给马匹提供草料,禾按照驾乘驿传的马比率给。出差者如果没

---

①张家山二四七号汉墓竹简整理小组编:《张家山汉墓竹简[二四七号墓](释文修订本)》,北京:文物出版社,2006年,第40页。

有事情到达其县、道的地界，不要提供第二次的膳食。如果为国家办事，滞留超过十天，给予米让出差者自己煮饭。如果是皇帝的使者以及中央派出的吏，则不按此条律文办理。各县分别记录提供膳食的截止日期，下一个县或将要去的县根据此记录提供以后的膳食。对没有官秩的人，要根据其爵位来决定为其随从人员提供膳食，二千石官不超过十人，千石到六百石的不超过五人，三百石到五百石的不超过两人，二百石以下的提供一人。出差的不是官吏，提供膳食给跟随者，卿以上的比照千石，五大夫以下到官大夫的比照五百石，大夫以下的比照二百石；官吏均根据实际随从人员的数量提供膳食。官吏在乘车以上，以及在朝中做内侍的，休假或者请求辞去官职的依照爵位同于出差人员，县里按照法令提供住宿、膳食和马匹草料。从中可看，西汉时对官员随从人员有着严格限定。

而睡虎地秦简《内史杂》是关于掌治京师的内史职务的各种法律规定。简195—196有"毋敢舍焉。善宿卫，闭门辄靡其旁火，慎守唯敬。有不从令而亡、有败、失火，官吏有重罪，大啬夫、丞任之"①。贮藏谷物的官府要加高墙垣。有其他墙垣和它连接的，可单独加高贮刍草的仓和用茅草覆盖的粮仓，令人不得靠近居住。不是本官府人员，不准在其中居住。夜间应严加守卫，关门时即应灭掉附近的火，谨慎警戒。有违反法令而有遗失、损坏或失火的，其官吏有重罪，大啬夫、丞也须承担罪责。工律，关于官营手工业的法律。简99有"为计，不同程者毋同其

---

① 睡虎地秦墓竹简整理小组编:《睡虎地秦墓竹简》，北京：文物出版社，1990年，第64页。

出"①。计账时,不同规格的产品不得列于同一项内出账。

秦汉时期,赃罪可以包括贪污、受贿、挪用公私财物等。如果私自挪用官府财物,则视为与盗窃同罪。睡虎地秦简《法律答问》32有:"府中公金钱私贷用之,与盗同法。"②

汉代对于官员受贿行为处罚力度是相当大的。如张家山汉简[247号墓]《二年律令·盗律》60③、张家山汉简[336号墓]《汉律十六章·盗律》73④有"受赇以枉法,及行赇者,皆坐其赃为盗。罪重于盗者,以重者论之"。受赇即受贿。受贿犯法的人,以及行贿的人,皆根据其不正当获取的赃物价值以盗窃论罪。如果罪行处罚重于盗窃罪时,则按重罪论处。《敦煌汉简》1875有"行言者,若许多受赇以枉法,皆坐臧为盗,没入□□。行言者,本行职者也□☒"⑤。张家山汉简[247号墓]《二年律令·置史律》210有"有任人以为吏,其所任不廉、不胜任以免,亦免任者"⑥。有人保举而成为官吏,但所保举的人因为不廉洁、不胜任工作而被免职,保举人也要免去官职。

《居延新简》EPF22.187-200有:"建武三年十二月癸丑朔丁

---

① 睡虎地秦墓竹简整理小组编:《睡虎地秦墓竹简》,北京:文物出版社,1990年,第43页。
② 睡虎地秦墓竹简整理小组编:《睡虎地秦墓竹简》,北京:文物出版社,1990年,第101页。
③ 张家山二四七号汉墓竹简整理小组编:《张家山汉墓竹简[二四七号墓]》(释文修订本)》,北京:文物出版社,2006年,第16页。
④ 荆州博物馆编、彭浩主编:《张家山汉墓竹简[三三六号墓]》(上册),北京:文物出版社,2022年,第174页。
⑤ 甘肃省文物考古研究所编:《敦煌汉简》,北京:中华书局,1991年,第292页。
⑥ 张家山二四七号汉墓竹简整理小组编:《张家山汉墓竹简[二四七号墓]》(释文修订本)》,北京:文物出版社,2006年,第36页。

已,甲渠鄣候获,叩头死罪,敢言之。掾谭、尉史坚。府记曰:守塞尉放记言,今年正月中,从女子冯□借马一匹,从今年驹。四月九日诣部,到居延收降亭,马罢。止害燧长焦永行檄还,放骑永所用驿马去。永持放马之止害燧。其日夜人定时,永骑放马行警檄,牢驹燧内中。明十日,驹死,候长孟宪、燧长秦恭皆知状。记到,验问、明处言,会月廿五日。前言解。谨验问放、宪、恭。辞皆曰:今年四月九日,宪令燧长焦永行府卿蔡君起居檄至庶虏。还到居延收降亭,天雨,永止,须臾去。尉放使士吏冯匡呼永曰:马罢,持永所骑驿马来。永即还与放马,持留燧,放马及驹,随放后归止害燧。即日昏时到吞北,所骑马更取留燧驿马一匹,骑归吞远燧。其夜人定时,新沙置吏冯章行殄北警檄来,永求索放所放马,夜冒,不能得。还骑放马行檄,取驹牢队内中去。到吞北燧□□□罢□□□□中步到……俱之止害燧,取驹去。到吞北燧下,驹死。案:永以县官事行警檄,恐负时,骑放马行檄,驹素罢劳,病死。放又不以死驹付永,永不当负驹。放以县官马擅自假借,坐赃为盗。请行法。"[1]甲渠候官经过调查事实得出结论,焦永不用赔偿放的马驹,因为焦永是接受官府的任务传递警檄,恐怕耽误时间,才乘放的马行檄,这是律令规定的职责和任务,必须按时间完成的,加上马驹本来就疲劳有病而死,放又没有把死马交给焦永,所以永不必赔偿马驹。而放随意借用县官的马,其行为相当于盗罪,这是依据律令规定划分的责任,解决了行政的纠纷,放"坐赃为盗,请行法",就

---

[1] 甘肃省文物考古研究所等编:《居延新简:甲渠候官》,北京:中华书局,1994年,第216页。

是依据马价确定盗罪,依法追究,这是根据"放以县官马擅自假借",就是随便借用官府的马而确定的责任。

一般说来,如果有官员不守规定,利用职务之便进行犯罪,将会受到严惩。但《包山楚简》129-130、130反记录一起"柊邑拒受金案",在这起案件中柊邑官员竟然两次拒不执行王命,可谓罕见。内容如下:

东周客许盈归胙于蒇郢之岁,夏层(shī)之月,期思少司马邓瘠言谓:甘匝之岁,左司马适以王命,命期思舍柊黄王之爨一青牺之贵,足金六钧。是岁也,期思少司马屈挈以足金六钧听命于柊,柊窆大夫左司马越虢弗受。盛公边之岁,期思少司马犟胜又以足金六钧舍柊,柊窆大夫集阳公蔡逯弗受。须左司马之返行,将以问之。①

时间:楚怀王十二年(前317年)。

人物:左司马、少司马等中央或地方官员。

事由:左司马适奉楚王之命,命令期思邑给予柊邑为王做爨祭所用一头青色牺牛的钱,价值成色十足的金六钧。期思少司马屈挈、邢胜先后给柊邑买牛的钱,可是柊邑左司马越虢、集阳公蔡逯前后都没接受其金。于是,期思官员上报此次纠纷。

结果:等左司马下去巡行时向两次拒不受金的柊邑官员加以查问。

本案中虽因对某些关键文字的理解而导致对文意的理解

---

① 湖北省荆沙铁路考古队编:《包山楚简》,北京:文物出版社,1991年,第26页。

而大相径庭,但主要记录柊邑官员不如期执行楚王命令而受到调查之事则是明确的。至于对本案的理解主要有两种不同的意见,一种认为是左司马迪(即适)传达楚王命令,让期思赊给叶(即柊)县一大笔钱,用以增广楚王爨祭。最初,期思少司马转达楚王命令赊钱给叶县时,叶县不接受。第二年,期思少司马郱胜重新赊给叶县足金六钧,叶县集阳公蔡逯接受了。因为当初给期思县传达命令的是左司马,所以中央准备等左司马下去巡视时查明这件事。[①]另一种意见是柊邑主事者两次都没接受期思邑偿还的金钱,所以期思邑无法向"左司马适",尤其是楚王交差,只好向上报告给国家的诉讼主管。[②]无论是"无偿借贷"说还是"期思还钱"说,都没有解决为什么叶地两次不接受这大笔祭金的问题。[③]一年前叶地没有接受承办爨祭,十之八九由期思接手办了这次爨祭。第二年又要办爨祭了,期思同样允诺以"足金六钧"一笔巨资给予叶地,要求他们承办,却又被叶地拒绝了。前后两次叶地都拒受祭金,无视中央的决定,目中无人,左司马适大为不满。左尹府已立案调查此事,要求查办违抗王命者。左司马适决定亲自下去调查,查证由此而起。这是一种可能。还可能另有原因,即第二种可能,爨祭耗资巨大,地方官府能否承担得起,是个问题,是否愿意承担又是一个问题。如果地方上负担不起,中央拨款自在情理之中。期思主办

[①] 刘信芳:《包山楚简解诂》,台北:艺文印书馆,2003年,第125页。
[②] 单育辰:《包山简案例研究两则》,《吉林大学社会科学学报》2012年第1期,第67页。
[③] 张伯元:《拒收祭金案》,载《包山楚简案例隅》,上海:上海人民出版社,2014年,第133页。

禜祭活动,中央下拨资金,资金的收支账目清楚不清楚,可能也会产生嫌疑,甚至受到质疑。禜祭活动,楚王的本意是由叶地来协办。叶地不从王命,拒受祭金,是因为叶地当政者凭经验已经预感到这类禜祭活动不好办,或者是估计到资金不会及时到位,或者其中会产生一些说不清的问题,所以即使违背王命也决不应允。现在预见的经济问题果真出现了,左尹府已经发出了调查禜祭事件的指令。一年之后,左司马适派人再次去叶地,诱使他们能顺利通过上司的调查,默认他们是禜祭的承办者。表面上是查证禜祭事件,实际上很可能希望地方上能替他或他们开脱主办者的罪责。而叶地拒绝做这种弄虚作假的事情,也有故意回避的嫌疑。这里,还暴露出左尹府与左司马适之间存在的暗中较量,二人可能存在嫌隙。很可能是左司马适受人举报,左尹邵佗借此发难。这则案例,实际上在其背后也暗含着左尹与左司马适的暗中角力。本案出现的人物变换频繁,叶地宜大夫避之唯恐不及,着实有故意回避的嫌疑,谁也不想招揽责任,谁也不想麻烦缠身。本案的结果在简文中没有说明,但估计将会不了了之,因为在上层楚王的好恶以及各种错综复杂的人事关系将左右司法,长期搁置可能是最佳的选择,以至于一直搁置在左尹府,随其主子进入坟墓而告终结。[①]

这是一起已经进入司法取证的经济大案,追索两年前发生的经济问题。问题出于借楚王之命,以禜祭所需为借口,可能将中央调拨的禜祭祭金移作他用,其中或许还有弄虚作假、假公济私之类的事情发生。风声传到左尹府,引起警觉,立案追

---

① 张伯元:《包山楚简案例举隅》,上海:上海人民出版社,2014年,第134—137页。

查。在司法实践中,中央与地方的利益、不同地方的利益,以及复杂的人事关系往往会左右案情调查的方向与最终司法的判定结果。此案案情表面非常简单,主要是涉及期思与柊邑两地因祭金而引起的一起经济纠纷,但其中反映的问题令人寻味。首先,爨祭是地方政府奉王命而承办的祭祀活动。其次,本案中爨祭所用资金是期思邑出的。再次,柊邑官员两次拒绝接受买牛钱。最后,左司马亲自出面调查此案,结果不得而知。从这里可以反映出柊邑官员两次拒绝接受买牛钱,不仅是柊邑与期思邑的矛盾,也是柊邑与中央的矛盾,这是最集中的利益冲突。而作为地方官员为什么竟敢拒不执行中央命令,这可能不是本案能够回答的问题。

2013年5—11月,湖南省文物考古研究所与益阳市文物处对益阳市赫山区三里桥铁铺岭小区兔子山遗址进行抢救性考古发掘。在已清理完毕的16口古井中,11口水井都出土了数量不等的简牍,共出土简牍约一万六千枚以上。其中三号井有一枚木牍记载西汉汉平帝元始元年(1年)张勋贪污案,另有一枚木简是张勋贪赃事件记录送达长沙王相府的标题简。[①]

鞫:勋,不更,坐为守令史署金曹,八月丙申为县输元年池加钱万三千临湘,勋匿不输,即盗以自给。勋主守县官钱,赃二百五十以上,守令史恭劾,无长吏使者,审。元始二年十二月辛酉,益阳守长丰、守丞临(顾)湘、右尉雇兼、掾勃、守狱史腾言,数罪以重,爵减,髡钳勋为城旦,衣服如法,驾(加)责如所主守

[①] 周西璧:《洞庭湖滨兔子山遗址考古:古井中发现的益阳》,《大众考古》2014年第6期,第36页。

盗,没入赃县官,令及同居会计,备偿少内,收入司空作。(J3⑤:1)

益阳守令史张勋盗所主守加钱论决言相府。(第一栏)元始二年,计后狱第一。(第二栏)(J3⑤:2)

守,试守,即试用。池加钱,常规之外的临时增加的赋税之钱,或是经营园池收入之钱。盗以自给,监守自盗。髡钳,古代刑罚,剃去头发,用铁圈束颈衣服如法,指按法律规定令已经判定罪行的犯人穿着囚服。加责,加倍追赃。收入司空作,将已经判决的犯人收入司空机构从事劳役。

当时法律规定,贪赃二百五十钱以上即当论罪,而长沙国益阳县金曹代理令史张勋在试用期间,在向长沙国移送前一年的赋税"池加钱"途中,隐匿未输,监守自盗,贪污一万三千钱,由益阳县长吏审理判决。"数罪以重,爵减"是审理张勋案的丰等人提出的两个适用原则,即按一人犯数罪以重者论及爵减的规定。张勋犯有二罪,一是"匿不输"池加钱,二是"盗以自给"池加钱。最终判决张勋身着囚服,剃光头发胡须,颈戴铁钳,加倍追偿主守盗赃款,没入县官,让他的家人足额赔偿给少内,其人押入司空服役。①

朱宏刘宫赃罪案是目前长沙五一广场东汉简牍所见官吏犯赃案中简牍数量最多,保存最为完整,案情相对清晰的刑事案件,这有助于我们理解赃罪中的盗贼、受所监这两大罪行在司法实践中是如何认定的,以及左仓曹史所代表的基层官吏和

① 徐世虹:《西汉末期法制新识——以张勋主守盗案牍为对象》,《历史研究》2018年第5期,第4—20页。

所管理刑徒之间的日常关系,刑徒具有一定的人身自由。朱宏刘宫赃罪案核心是一起左仓曹史朱宏、刘宫收受下属酒肉食,犯了盗贼,受所监的刑事案件。除此之外,朱宏还用糜谷酿酒,刘宫一同饮酒,违法售卖,犯了"不承用诏书,不敬"。门卒张石也酿酒售卖,罚金八两。男子刘得无故入官舍,干乱吏治,罚金四两。主要简文如下:

核正处言,悝叩头死罪死罪,辄收宏及史刘宫,知状廷门卒张石、髡钳徒何修、王种、李牧、黄勤、屈赦、桓真、傅种、侯宝、廖国、宋珍、张闰、哆右、邓肜、袁歆、完城旦徒周纡、徐凌(347木两行2010CWJ1③:182)、黄达、番建、鬼薪鲁本、节讯宏妻南等,考问,辞皆【曰】。【宏】、宫各以故吏,宏今年十一月二日,宫其月五日,各调署视事。石,县民,债代廷门卒,月值钱二千。种、凌、勤等前各他(333+334木两行2010CWJ1③:167-1+167-2)(缺简)等,宏念可让为酒,遣丸于市,市米一斛,令若炊,为让酒,酒熟,胡客从宏沽酒一杅,直卅,歆复沽一杅,直卅,后不处日,闰复沽二器,直钱二百,修复沽一器,直钱百,建沽一(366木两行2010CWJ1③:198-3)(缺简)食共饮食,尽其月廿七日,宏遣本迎南入县,俱止寺舍。其月不处日,修与种、勤、牧、真、传、种、赦、国、珍、纡、凌、宝等十二人俱检钱千卅二,令达于市市牛肉廿斤,豕肉十斤,鲆五斤,复从石沽(2171+5780+0231)酒四器,直钱四百,俱持诣宏。宏曰:"谁持来者?"修、种、真等曰:"持少礼,贺新妇入寺舍也。"宏曰:"可"。即呼勤、牧、种、真、纡、国、修从作所,归曹中,置肉案上,顷资写酒置杅中,以(301木两行

2010CWJ1③:137)酒杯拘赐勤、种、真、纣、国等各二杯所,宫从□还,宏呼宫,宫即前与宏俱坐,修拘酒饮宫二杯,门下复传,宫即起应传,遂不复还。宏遣真、种、勤等还作所,复令修呼傅种(344木两行2010CWJ1③:177)凌、赦、珍、宝到,赐酒各二杯,遣还作上余酒肉皆以自给,其月不处日,宏令丸市牛肉五斤,斤直钱十七,鲊三斤,直钱卅,胃三斤,直卅,胡果一斗,直十五,蒽五把,直十五,生(370木两行2010CWJ1③:198-7)(缺简)册七,宫二千一百,发觉,考问,辞具服,与修、若、丸等辞合验,即修、若、丸等证。·案宏、宫蒙恩在职,不思竭力尽忠,洒心自守,知诏书不得糜谷作酒,公教南让酒,至令(378木两行2010CWJ1③:199-1)修、种、国等相赋捡沽酒,受赇请,相与群饮食,山徒取其钱,令丸、达私市肉、胃、盐、豉皆不雇直,知若无任徒,宽缓令为养私,使炊让便,处徒所不当,得为宏、宫吏(361木两行2010CWJ1③:195)盗贼、受所监臧皆二百五十以上,宏、石糜谷作酒,宫俱饮。宏沽得钱三百七十,石得钱六百,宏、宫不承用诏书,不敬。数罪。石以律罚金八两。男子刘得与官相知,无故入官寺(379木两行2010CWJ1③:199-2)留、再宿,干乱吏治,罚金四两。两直钱六百廿五,石并五千,得二千五百,属金曹收责,簿入十二月。时达随供未还,不问。宏、宫所山省徒钱,掾刘仙自实核,未竟,唯(365木两行2010CWJ1③:198-2)(缺简)从掾位悝言。考实仓曹史朱宏、刘宫臧罪竟。解书十二月七日到。(367木两行2010CWJ1③:198-4)[1]

---

[1] 可参杨小亮:《五一广场东汉简牍册书复原研究》,上海:中西书局,2022年,第99-100页;周海锋:《〈长沙五一广场东汉简牍(伍、陆)〉初读》,简帛网,2021年8月22日(http://www.bsm.org.cn/?hanjian/8431.html)。

因朱宏妻酿酒一事，朱宏、刘宫手下之刑徒深知二人好酒，因而欲持少礼贺朱宏纳妻南入官舍。何修、王种、黄勤、李牧、桓真、傅种等髡钳徒筹资于集市购置牛肉二十斤、猪肉十斤、小鱼五斤，又从债代廷门卒张石处买酒四器，一同拜见朱宏，朱宏接受了贺礼，并答应了他们不当的请求。朱宏一时兴起，即呼髡钳徒黄勤、李牧、王种、桓真、廖国、何修，完城旦徒周纡七人从劳作之所归曹中，将酒食置于桌上，在杯中装满酒，用酒杯分给大家喝。刘宫亦从办事之处归曹中，朱宏呼刘宫，刘宫即上与朱宏同坐，何修为刘宫满酒二杯，朱宏后因事应传而不复归。酒饮二杯后，朱宏遣众人归劳作之所，后令何修传髡钳徒傅种、屈赦、侯宝、宋珍，完城旦徒徐凌五人到，亦赐酒二杯而归。余留的酒食都归自己享用。过了几日，或因酒余而食尽，丸、黄达先前未持礼贺二官，朱宏命令二人买了牛肉五斤、小鱼三斤、肚子三斤、胡果一斗、葱五把等，却没有给钱。此后朱宏更是变本加厉，令丸去集市买米一斛来酿酒，知道"若"是无人担保之刑徒，私使"若"在徒所里专门为朱宏酿酒，酒熟后，由髡钳徒袁歆、张闰、何修，完城旦徒番建，胡客等门客相往朱宏处买酒。除了朱宏偷酿酒外，廷门卒张石亦偷偷干此行当，早先何修等人贺朱宏之酒便购于张石处，二人违反了"糜谷作酒诏"。男子刘得与刘宫乃同姓旧识，刘得无正当理由入官舍，甚至还留宿，这违反了吏治，而应受罚。[①]

1996年7月—12月，长沙市文物工作队配合城市基本建

[①] 朱群杰：《长沙五一广场东汉简牍中的赃罪》，上海：华东政法大学硕士学位论文，2021年，第7-9页。

设,对位于走马楼街西南侧的湖南平和堂商贸大厦建设区域内的古井(窖)群进行发掘,在编号为J22的古井窖中发掘出一批三国孙吴纪年简牍,即走马楼吴简。其中有四件木牍和数百枚竹简,属于许迪盗食盐贾米案的审理过程及定案、结案的文书。[①]

许迪,原为长沙郡下隽县南乡丘佃农,父亲许逊在他幼小时已经去世,许迪与母亲、妻小和两位兄弟生活在乡间。东汉建安二十一年(216年)许迪到县衙做帮手,东吴孙权黄龙二年(230年)成为吏,作为官家盐、铁、酒类的经销人。

东吴嘉禾二年(233年)、三年,许迪先后将官盐换来的部分米悄悄地扣下了,结果四年案发,临湘县廷对许迪贪污盐米案进行了侦讯审判。嘉禾四年(235年)十一月,许迪被审判处以斩刑。许迪没有想到判决如此严厉,惊恐万分,开始翻供。由于许迪翻供,此案只能重新审理,最终真相大白,许迪被处以极刑。

下面是东吴嘉禾六年(237年)录事掾潘琬上报郡府关于处理许迪盗食盐贾米事的最终处理结果的上行文书,此案一波三折,最终水落石出,县级审讯完成。其内容如下:

录事掾潘琬叩头死罪白:过四年十一月七日,被督邮敕,考实吏许迪。辄与掾事吏赵谭(1行)、部典掾烝若、主者史李珠,前后穷核考问。迪辞:卖官余盐四百廿六斛一斗九升八合四

[①] 可参徐畅:《新刊长沙走马楼吴简与许迪割米案司法程序的复原》,《文物》2015年第12期,第71—83页;郝蒲珍:《走马楼吴简许迪割米案整理与研究》,重庆:西南大学硕士学位论文,2018年。

勺,得米(2行)二千五百六十一斛六斗九升已。二千四百卅九斛一升,付仓吏邓隆、谷荣等。余米一百一十二斛六斗八升,迪割(3行)用饮食不见。为廖直事所觉后,迪以四年六月一日,偷入所割用米毕,付仓吏黄瑛受。(4行)前录见都尉,知罪深重,诣言:不割用米。重复实核,迪故下辞服割用米。审前后搒押迪,凡百(5行)卅下,不加五毒,据以迪今年服辞结罪,不枉考迪。乞曹重列言府。傅前解,谨下启。琬诚(6行)惶诚恐,叩头死罪死罪。(7行)诺。二月十九日戊戌白(8行)。(J22-2540)

录事,掌管文书,在功曹、主簿之下。考实,指经考察而查实。穷核,彻底查问。说许迪"贪污倒卖官盐"是不对的,许迪的罪行是并没有全部缴出用官盐换回的米,贪污了其中的一部分。割,出卖米谷。直事,当值主事官员。五毒,酷刑。诺,是表示已阅的画圈符号。

此牍内容主要是嘉禾六年(237年)二月十九日录事掾潘琬报告:在嘉禾四年(235年)十一月七日,接到督邮的敕令,命令复核审查许迪案。潘琬就与掾事吏赵谭、部典掾烝若、主者史李珠等一起,前后对许迪追查审讯。通过刑讯拷打,许迪供认:将负责出卖官盐的剩余部分四百二十六斛一斗九升八合四勺,变卖为米二千五百六十一斛六斗九升。其中二千四百三十九斛一升,交付仓吏邓隆、谷荣等,而把剩余的米一百一十二斛六斗八升,粜卖后吃喝花光了。此事被值班的负责人廖咨查旧账时发觉了。许迪在嘉禾四年(235年)六月一日,偷偷地将粜(tiào)卖的米又补了回来,交付仓吏黄瑛,企图掩盖盗卖官物的事实。

在都尉查问此事时,许迪知道盗卖官粮罪大恶极,就翻供说自己没有粜卖官米。经反复核实查证,许迪终于服罪承认自己粜卖官米。审查此案前后拷问搒打许迪共一百三十下,但没有使用"五毒"之酷刑。现在可以根据许迪的服罪供词结案定罪,没有不法讯问。现请求功曹重新向郡府言明,并附上许迪案情审理的说明。潘琬诚惶诚恐报告。

此案上报后在督邮手中似乎滞留近两个月时间,第二年由长沙太守兼中部督邮书掾晁督察移送他处。在第一次审案中许迪很快招供,是因为他没有预料到犯罪结果如此严重。当许迪知道被判处斩首弃市后,就对督军谎称未入一百一十余斛六斗八升,是因为他预留作为搬运、加工费的余米,并未据为私用。因为县吏刑讯逼供,不堪拷打,才承认挪用了米,是屈打成招。同时,许迪指使弟弟许冰篡改相关账目要簿。

由于许迪翻供,案情显得异常复杂,长沙郡府相关曹司、中部督邮,包括长沙太守、丞都介入了此案审讯,部署对此案的重新审理,即下面木牍224揭示的内容,此是嘉禾五年(236年)正月,临湘县录事掾潘琬应郡府所召审理许迪一案的呈文。

录事掾潘琬死罪白:关启:应户曹召坐大男许迪见督军,支辞言,不(1行)食所领盐贾米一百一十二斛六斗八升,郴曹启府君辄鞭录事掾(2行)陈旷一百杖、琬卅,敕令更五毒考迪。请敕旷及主者掾石彭考实(3行)迪,务得事实。琬死罪死罪。然拷人尚如官法,不得妄加毒痛(4行)。五月七日壬申白。(5行)

由于许迪在见督军的时候翻供,郡府责备初审案的相关官员考实不力,分别给陈旷和潘琬鞭一百和杖三十的刑罚,对许迪施以"五毒"酷刑。临湘侯相、侯丞负责组织对此案重新考实,指示不要刑讯逼供。复审中分几次审理,分由吏潘琬、赵谭、陈旷等主持。嘉禾五年(236年)十一月,长沙太守于望、郡丞义及中部督邮书掾都介入此次集中考实。十一月十三日,许迪供述其典卖官盐、挪用余米的事实。此次审讯还提审许迪的弟弟许冰,主掌重新审理的潘琬使用刑讯手段促使许迪供认。十五天后,许迪终于再次承认挪用余米的事实,潘琬再次呈言临湘侯国金曹,报告重新考实的情况,连同许迪的供状一同呈上,即木牍34提示的内容。

录事掾潘琬死罪白:被敕,重考实吏许迪坐割盗盐米意。状言:案文书,重实(1行)录,迪辞:卖余盐四百廿六斛一斗九升八合四勺,得米二千五百六十一斛六斗九升,前列草(2行)言郡,但列得米二千四百四十九斛一升,余米一百一十二斛六斗八升,迪割用饮食。前见(3行)都尉,虚言用备擿米,迪实割用米。审实。谨列迪辞状如牒,乞曹列言府。(4行)琬诚惶诚恐,叩头死罪死罪。(5行)诣金曹。(6行)十一月廿八日白。(7行)

此案在嘉禾六年(237年)二月最终定案,即前揭J22-2540木牍,维持原判作斩罪。在许迪案诉讼过程结束后,进入审判环节,由临湘侯国执行,即J22-2673木牍揭示内容,这是中贼曹掾陈旷向上级回复和汇报考实许迪一案的上行文书。

中贼曹掾陈旷叩头死罪白：被曹敕，考实大男许迪，知断用所卖官盐贾米一百一十二斛六斗(1行)八升，与不言。案文书，被敕，辄考问。迪辞：所领盐贾米一百一十二斛六斗八升，迪自散用饮食尽。(2行)县前结迪斩罪，惧怖罪重，支辞虚言，以米雇摛，令弟冰持草归家改定。迪手下辞：不以米(3行)雇摛，自割食米。审实，谨列见辞状如牒，请以辞付本曹，据科治罪，谨下启白。旷诚惶诚(4行)恐，叩头死罪死罪。(5行)诺。四月廿一日白。(6行)

此件文书中前2行是说明中贼曹掾陈旷接受中贼曹的命令进行考实，第2-4行是许迪供词，最后是考实(考核证实)的结论。

结果许迪被斩，家中妻子儿女均被没收为生口(官家奴婢)，兄弟许八、许冰由于早与许迪分家，因此未受牵连，但要为许迪凑交罚金多达十六万九千二十钱。许迪的母亲，因年已八十五岁高龄，亦未连坐。

此件刑事案件，性质为官吏渎职、盗窃官物，从案发到结案跨越三年，经历初审、录囚(清理在押犯，听取囚犯的狱辞，查验罪证，若发现冤假或者滞留案件则给予平反或者处置)、改辞、覆审等诸多环节，牵涉长沙郡、临湘县诸多官吏。其中考实许迪割米案的主要负责人是陈旷和潘琬，在审案过程中，督邮代表长沙郡处理此案，发出考实许迪的命令，督军主持录囚工作。

> 图2-5-1 嘉禾六年潘琬考实许迪割米文书①

与许迪盗官米一案相似的还有长沙走马楼吴简（柒）"朱表割米自首案"，集中在简4080—4144，案情过程主要如下：

嘉禾六年（237年）四月九日朱表自首称把米给蚝昔。四月十八日朱表又说把米给莽仁，二十日又以"文入没溺米事"（文入，指表面上入仓实际上未入）请求囚禁自己。朱表的供词可以说是一再变化。由于朱表盗用军粮数量巨大，案情复杂，以致惊动了最高统治者孙权。孙权亲自下诏要求彻查此案，诏书经中部督邮下达临湘县，后转至系曹，系曹派遣吏张孟审讯朱表。查明真相后，判定朱表是事发后投案，不应定作自首，而且朱表所盗米与军粮有关，应按军法处置。

---

① J22-2540，引自长沙市文物工作队、长沙市文物考古研究所：《长沙走马楼J22发掘简报》，《文物》1999年第5期彩版叁，第100页。

与上述"许迪割米案"相同,两案都是官吏盗割官米,且与军粮有关,查明真相后,均按军法处置。两案都是在长沙郡中部督邮干预下,由县廷相关曹吏完成。经历了多次审讯和复审,许迪先是承认盗用官米,后见罪行严重于是翻供,故再次审案。朱表自首后供词几经改变,经过多次审讯、考实,最终审理结果是官米为朱表盗用。两案案犯均不是临湘县本地人,许迪是长沙郡下隽县人,朱表是扬州丹阳人。

但两案又有许多不同点:两案覆案原因不同。许迪开始承认自己盗米,但未料到被判处斩罪,因畏死而改口供。而朱表是担心事发而自首,事实上朱表自首时已经事发,再审原因不明。两案所盗官米数量不同。许迪盗割官米一百一十二斛六斗八升,而朱表是一百七十斛,多了近六十斛,值八万五千九百八十钱。两案案情不同。许迪案情相对简单,许迪私吞官盐米,廖咨、朱诉在料校仓米时发现少了米,上报此事,并命许迪补上所盗米,由是事发。许迪开始承认贪污官米,后见自己被判处斩刑而改口供,致使再审,最终被处以斩罪,并没入妻子、儿女。而朱表案情相对复杂得多,牵涉面广。朱表多次翻供,且案情重大,惊动最高统治者孙权,调查过程复杂,参与官吏众多。在案情审理过程中,极有可能吴昌长也参与此案,并包庇朱表按自首罪判服吏役。在最高统治者孙权亲自下诏作强有力干预下,仓曹、系曹也参与调查,朱表一案彻底查清,涉案的吴昌长也被立案调查。①

---

① 陈荣杰:《走马楼吴简"朱表割米自首案"整理与研究》,《中华文史论丛》2017年第1期,第219—260页。

六、欠债还钱，天经地义：
简帛法律文献中的债务文书

在秦汉简帛法律文献中有大量的债务文书，有官方文书，更多的是民间文书。形式多样，有借贷契约、索债文书、债务担保文书、债务诉讼文书等。

里耶秦简（贰）1正有："卅三年四月辛丑朔丙午，司空腾敢言之：阳陵宜居士伍毋死有赀余钱八千六十四。毋死戍洞庭郡，不知何县署。今为钱校券一上，谒言洞庭尉，令毋死署所县责，以受阳陵司空——司空不名计。问何县官计，年为报。已訾其家，家贫弗能入，乃移戍所。报署主责发。"①

赀余钱，指交纳部分赀钱之后尚欠的余额。署，劳作。责，索取。不名，没有写明。计，结算文书。报，回复。

这是一份官方债务文书，是阳陵服役戍卒的债务转移文书。秦汉时期，官府间财物往来，受付双方需完成出入计簿。因为士伍毋死已经移至他地，署所当接受原居住地阳陵司空的计账，但因不清楚是哪个部门负责接受此计账及受账时间，故作此询问，且要求回复。

毋死的赀债共发生两次转移。欠官府债务及赀债、赎债者，若移居他县，债务将由移居地收缴。毋死因到洞庭郡戍守而移至他地，赀债亦随之转移。债权人由原居地官府转为现居地官府，故两地官府有交接债券及询问计年之事。至此，第一

---

①陈伟主编：《里耶秦简牍校释（第二卷）》，武汉：武汉大学出版社，2018年，第1页。

次债务转移完成。后因毋死家贫,未能向官府足额缴纳赀债,故转至成所,并上报官府,即第二次转移。此次债务转移,成所县由债权人转为债务人。至于毋死如何偿还债务,简文中仅显示成所地替毋死偿还了债务,未明确其应负的债务责任。不过可以推测,毋死可能是通过服劳役的形式来还债。

岳麓秦简(叁)案例四"芮盗买公列地案"(62正—87正)是一起因经济纠纷而引起的债务文书。

敢谳之:江陵言:公卒芮与大夫材共盖受棺列,吏后弗予。芮卖其分肆士伍朵,地值千,盖二百六十九钱。以论芮。二月辛未,太守令曰:问:芮卖与朵别价地,且吏自别直?别直以论状何如,勿庸报。鞫审,谳。视狱:十一月己丑,丞暨劾曰:闻主市曹臣史隶臣更不当受列,受棺列,卖。问论。更曰:芮、朵谓更:棺列旁有公空列,可受。欲受,亭佐驾不许芮、朵。更能受,共。更曰:诺。更即自言驾,驾予更。更等欲治盖相移,材争弗得。闻材后受。它如劾。材曰:已有棺列,不利。空列,故材列。十余岁时,王室置市府,夺材以为府。府罢,欲复受,弗得。乃往九月辞守感。感令亭贺曰:无争者予材。走马喜争,贺即不予材。材私与喜谋:喜故有棺列,勿争。材已治盖,喜欲,与喜□□贺。喜曰:可。材弗言贺,即擅窃治盖,以为肆。未就,芮谓材:与芮共。不共,且辞争。材詎……喜……辞贺,贺不予材、芮,将材、芮、喜言感曰:皆故有棺肆,弗予,擅治盖相争。感曰:勿予。材……材□□□芮□□欲居,材曰:不可。须芮来。朵即弗敢居。它如更。芮曰:空列地便利,利与材共。喜争,芮乃知材弗得，弗敢居。乃十一月欲与人共渔，无钱。朵子士伍方贩棺其列下，芮利卖所共盖公地，卒又盖□□□□与材共□□□芮分方曰：欲即并卖地、盖千四百。方前雇芮千，已尽用钱买渔具。后念悔，恐发觉有罪。欲益价令方勿取，即诳谓方：贱！令二千。二千弗取，还方钱。方曰：贵！弗取。芮无钱还。居三日，朵责，与期：五日备偿钱；不偿，朵以故价取肆。朵曰：诺。即弗还钱，去往渔。得。它如材、更。方曰：朵不存，买芮肆。芮后益价，弗取。责钱，不得。不得居肆。芮母索后还二百钱，未备八百。它及朵言如芮、材。驾言如更。贺曰：材、喜、芮妻佞皆已受棺列，不当重受。它及喜言如材、芮。索言如方。诘芮：芮后知材不得受列，弗敢居，是公列地也。何故给方曰已受，盗卖于方？已尽用钱，后挠益价，欲令勿取；方弗取，又弗还钱，去往渔，是即盗给人卖公列地，非令。且以盗论芮，芮何以解？芮曰：诚弗受。朵姊孙故为兄妻，有子。兄死，孙尚存。以方、朵终不告芮，芮即给卖方；已用钱，无以偿。上即以芮为盗卖公地，罪芮，芮无以避。无它解。它如前。狱史猪曰：芮、方并价，猪以芮不……。问：……费六百……九钱，卖分四百卅五尺，值千钱。它如辞。鞫之：芮不得受列，擅盖治公地，费六百九钱，□……地积四百三十五尺……千四百，已受千钱，尽用。后还二百。地赃值千钱。得。狱已断，令黥芮为城旦，未□□□□□。敢谳之。①

---

① 朱汉民、陈松长主编：《岳麓书院藏秦简(叁)》，上海：上海辞书出版社，2013年，第129-137页。

列，肆，都是集市贸易场所。二月辛未，从前后案例的时代推测，应为秦王政二十二年（前225年）二月丙午朔二十六日。别价，分别价钱；并价，合并价钱；直，估价。主市曹，应是县庭中总管市政的部门，与直接主管商业区的官员有区别。自言，法律术语，表示对官府的陈述以及各种申请行为。王室，指掌管贸易区域的县道下属机构。詑，欺骗、说谎。故价，原来的价钱，即当初协商的一千四百钱。非令，不符合法律规定。

官府市场有一块空地，几个人都争着租用，作为棺材铺。因为棺材铺生意好，大家争相开店，有人就动起盗卖公家用地的念头。而商业用地都是公有的，商人必须租用，而且要约定交租的期限。如果五天期限之内交不清钱，那么租地者可以按照原来的价钱收回店铺。其中名叫芮的商人，因为申请有争议有土地被拒绝，就使用违法手段达到目的。与他一起的是他小叔叔朵，他们与隶臣更拉上关系，通过他得到这片商业用地。更被市场管理部门聘为臣吏，是芮和朵的合适出面人。经过更的请求，这片空置的商业用地给了更，但更等人在此块地上建房时却遇到障碍。因为与此同时，另一个叫材的商人也来争这块地，因为这块地十几年前就是他承租的，后来被市场管理所占了去。而县丞因为更非法获取土地而起诉了更。材本来拥有这块地和建在此地上的棺材铺，因为王室征收他的土地作为建造仓库之用，并分给他一个价值较少的商肆。而当该商肆关闭之后，材想拿回他以前的土地，却被市场管理部门的主管拒绝。因而材提出上诉，县令下令如果没有其他人与材竞争这块土地，那么材将重新拥有这块土地。然而由于一个名叫喜的商人参与到竞争来,材最终没有重新得到这块土地。因此,他私下与喜签订参与经营的协议,并自掏腰包负责这块地的开发和建设作为回报。最后,芮找到了他们,他威胁材与喜,如果不让他共享这个商肆他就检举揭发他们。争端激化,三方均被带到县级机关,县令决定不将争议土地上在建的商肆给予他们三人中的任何一人。根据县令的决定,市场管理部门主管驳回他们的上诉。而芮与材不顾官方决定,达成秘密协议,擅自在空置土地上建造棺材铺。因为这种行为是不合法的,芮将他的份额卖给他的小叔叔朵,并让他相信芮是经过官方许可而拥有这块土地。朵的儿子方预先支付给芮一千钱,被芮花光。之后芮害怕官府发现他违法出售土地,试图取消这笔交易,但无法偿还方已经支付的地钱。由于芮非法出售自己的商肆份额,主审官吏在讯问的过程中认为其触犯的是"盗给人卖公列地"罪,而芮在自己的回应中认为自己犯的是"盗卖公地"罪。据此,江陵县司法官吏处以芮黥为城旦。但作为直接上级的南郡太守在阅读县令的报告后,认为关于对芮展开的司法程序中判案所依据的涉案土地价款,报告并未说明到底是根据非法出售时芮与朵所约定的价格汇总,还是根据主审官吏自己的分别估价。太守指示要分别估价,于是江陵县令依太守要求,提供了此案的整个司法程序文件包括调查和司法判决文书。[①]

居延新简《建武三年候粟君所责寇恩事》EPF22:1-36,出土

---

① [德]劳武利:《秦代的司法裁判若干问题研究——以〈为狱等状〉所载两个案例为对象》,裴乾坤译,载王沛主编:《出土文献与法律史研究》第三辑,上海:上海人民出版社,2014年,第155-159页。

于居延汉代甲渠候官遗址编号第二十二号房屋内,共36枚,其中1—20号为一编,21—35号为一编,而36号是此份民事诉讼案卷的标题,出土于附近。文书内容如下:

建武三年十二月癸丑朔乙卯,都乡啬夫宫以廷所移甲渠候书召恩诣乡。先以证财物故不【1】以实,赃五百以上,辞已定,满三日而不更言请者,以辞所出入,罪反罪之律辨告,乃【2】爰书验问。恩辞曰:"颍川昆阳市南里,年六十六岁,姓寇氏。去年十二月中,甲渠令史华商、尉史周育当为候粟君载鱼之觻得卖。商、育不能行。商即出牛一头,黄、犗、齿【4】八岁,平价值六十石,与它谷十五石,为谷七十五石,育出牛一头,黑、犗、齿五岁,平价值六十石,与它【5】谷卌石,凡为谷百石,皆予粟君,以当载鱼就直。时,粟君借恩为就【6】,载鱼五千头到觻得,价直牛一头、谷廿七石,约为粟君卖鱼沽出时行钱卌万。时,粟君以所得商牛黄【7】、犗、齿八岁,以谷廿七石予恩顾对直。后二、三日当发,粟君谓恩曰:黄、犗、徼庚,所得【8】育牛黑、犗,虽小,肥,价直俱等耳,择可用者持行。恩即取黑牛去,留黄牛,非从【9】粟君借牛。恩到觻得卖鱼尽,钱少,因卖黑牛,并以钱卅二万付粟君妻业,【10】少八万。恩以大车半侧轴一,直万钱;羊韦一枚为橐,直三千;大笥一合,直千;一石【11】去卢一,直六百,庳索二枚,直千,皆置业车上。与业俱来还,到第三置,【12】恩籴大麦二石付业,直六千,又到北部,为业买肉十斤,直谷一石,石三千,凡并【13】为钱二万四千六百,皆在粟君所。恩以负粟君钱,故不从取器物。又恩子男【14】钦以去年十二月廿日为粟

109

君捕鱼,尽今年正月、闰月、二月,积作三月十日,不得价直。时,【15】市庸平贾大男日二斗,为谷廿石。恩居觻得付业钱时,市谷决石四千。以钦作【16】价谷十三石八斗五升,直觻得钱五万五千四,凡为钱八万,用偿所负钱【17】毕。恩当得钦作价余谷六石一斗五升付。恩从觻得自食为业将车到居延,【18】【积】行道廿余日,不计价直。时,商、育皆平牛直六十石与粟君,粟君因以其贾【19】予恩已决,恩不当予粟君牛,不相当谷廿石。皆证也,如爰书。"

建武三年十二月癸丑朔戊辰,都乡啬夫宫以廷所移甲渠候书召恩诣乡。先以证财物故不以实,臧五百以上,辞以定,满三日而不更言请者,以辞所出入,罪反罪之律辨告,乃爰书验问。恩辞曰:"颍川昆阳市南里,年六十六岁,姓寇氏。去年十二月【21】中,甲渠令史华商、尉史周育当为候粟君载鱼之觻得卖。商、育不能行。商即出牛一头,黄、特、齿八岁,平价值六十石,与它谷十五石,为谷七十五石。育出牛一头,黑、特、齿五岁,平价值六十石,与它谷卅石,凡为谷百石,皆予粟君,【22】以当载鱼就直。时,粟君借恩为就,载鱼五千头到觻得,价直牛一头、谷廿七石,约为粟君卖鱼沽出时行钱卅万。时,粟君以所得商牛黄、特、齿八岁,以谷廿七石予恩雇对直。后二、三日当发,粟君谓恩曰:'黄牛【23】微庚,所得育牛黑、特,虽小,肥,贾直俱等耳,择可用者持行。恩即取黑牛去,留黄牛,非从粟君借牛。恩到觻得卖鱼尽,钱少,因卖黑牛,并以钱卅二万付粟君妻业,少八岁万。恩以大车半磨轴一,直万钱;羊韦一枚为橐,【24】直三千;大笥一合,直千;一石去卢一,直六百,库索二枚,直千,皆置于车上。与业俱来还,到第三置,为业籴大麦二石。凡为谷三石,钱万五千六百,皆在业所。恩与业俱来到居延后,恩【25】欲取轴、器物去。粟君谓恩:汝负我钱八万,欲持器物?'怒。恩不取器物去。又恩子男钦,以去年十二月廿日为粟君捕鱼,尽今年正月、闰月、二月,积作三月十日,不得价直。时,市庸平贾大男日二斗,为谷廿石。恩居【26】觻得付业钱时,市谷决石四千。并以钦作贾谷,当所负粟君钱毕。恩又从觻得自食为业将车,坐斩来到居延,积行道廿余日,不计价直。时,商、育皆平直牛六十石与粟君,因以其贾与恩,牛已【27】决,不当予粟君牛,不相当谷廿石。皆证也,如爰书。"【28】

建武三年十二月癸丑朔辛未,都乡啬夫宫敢言之。廷移甲渠候书曰:去年十二月中,取客寇恩为就,载鱼五千头到觻得,就贾用牛一头,谷廿七石,恩愿沽出时行钱卅万。以得卅十二万。又借牛一头【29】以为犕,因卖,不肯归以所得就直牛,偿不相当廿石。书到。验问。治决言。前言解廷邮书曰:恩辞不与候书相应,疑非实。今候奏记府,愿诣乡爰书自证。府录:令明处【30】更详验问。治决言。谨验问,恩辞,不当与粟君牛,不相当谷廿石,又以在粟君所器物直钱万五千六百,又为粟君买肉,籴三石,又子男钦为粟君作价直廿石,皆尽偿所负【31】粟君钱毕。粟君用恩器物敝败,今欲归恩,不肯受。爰书自证。写移爰书,叩头死罪死罪敢言之。【32】●右爰书【33】

十二月己卯,居延令守臣移甲渠候官。候所责男子寇恩事,乡□辞,爰书自证。写移书到□□□□□辞,爰书自证。【34】须以政不直者法亟报。如律令。掾党、守令史赏。【35】建

武三年十二月候粟君所责(债)寇恩事。【36】①

此件出土案卷可以分为6个部分：1.初三日(乙卯日)寇恩自证爰书(1-20简)；2.十六日(戊辰)寇恩自证爰书(21-28简)；3.右爰书(33简)；4.十九日(辛未日)乡啬夫报县文书(29-32简)；5.二十七日(己卯日)居延县移甲渠候官文书(34-35简)；6.标题"建武三年十二月候粟君所责寇恩事"(36简)。

此案审理过程可列图如下：

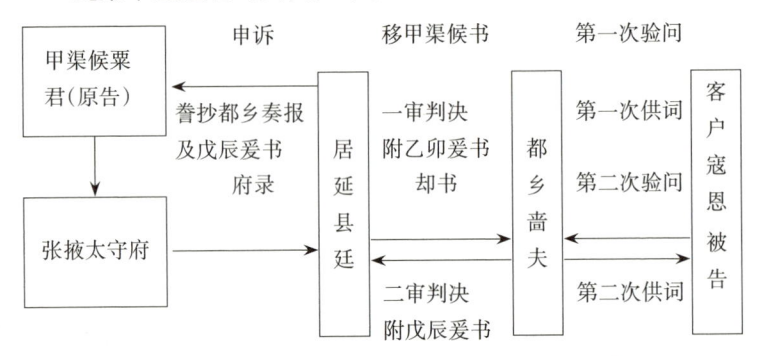

图2-6-1 "建武三年候粟君所责寇恩事"审理过程②

这篇寇恩的供词完整地揭示了整个事件的来龙去脉，寇恩是颍川郡昆阳市南里人氏，年龄66岁，身份是从外地来居延谋生的客民，主要靠用自己的牛车给人拉货来养家糊口。他首先交代了事件最初的时间和缘起，时间是去年十二月即东汉建武二年(26年)十二月。当时甲渠令史华商、尉史周育要为甲渠候

---

① 甘肃省文物考古研究所编：《居延新简：甲渠候官与第四燧》，北京：文物出版社，1990年，第475-478页。
② 此图参孔祥军：《居延新简"建武三年十二月候粟君所责寇恩事"册书复原与研究》，《西域研究》2012年第4期，第81页。

官的最高长官候粟君运送一批鱼到张掖郡觻(lù)得县今甘肃张掖市西北)贩卖,甲渠令史、尉史属于甲渠候领导,而为粟君做类似的事情本不是其职责范围,况且令史、尉史有边防公务在身,如何能离岗运鱼呢?所以二人不得已,出一批财物以抵消此项摊派之任务。这一细节被甲渠候直接省略了,寇恩详述此事,颇有揭露其假公济私之意。具体出资财物的情况是,华商出一头八岁的黄公牛,市面上的通常价格是六十石,外加谷十七石,共值七十五石谷物;周育出一头五岁的黑公牛,市面上的通常价格是六十石,外加谷四十石,共值一百石谷物。这样,两人共出价值一百七十五石谷物的财物以抵运费。寇恩详列这些数据,就是为了揭穿甲渠候粟君所谓的虚假申诉内容。于是,粟君就雇客户寇恩运鱼到觻得贩卖,运费和贩卖的劳务费是一头牛外加谷物二十七石,实际上就是华商所付财物外加十石谷物,而周育所付大部分则被粟君占为己有。谈妥雇费之后,寇恩对运送的货物进行估值,大概为钱四十万。这可能是当时运送货物贩卖的通行做法,或是因为害怕运输者在途中做什么手脚,或是因为担心其在出卖时会耍花样,最终直接影响到雇主的收益,所以要先对运物进行估值,达到双方一个认可的价钱,而这恰恰成为导致寇恩和粟君之间发生官司的直接原因。

粟君交付牛、谷后,过了两三天,寇恩准备出发了,这时粟君突然说自己先前付给寇恩作为工作的黄牛有点瘦,而黑牛虽然年纪稍小,但很肥硕,力量较大,且二者价钱相当,所以建议寇恩用黑牛,寇恩也同意了,然后把黄牛还给了粟君。可见粟君此前交给寇恩的是黄牛，后来又说服寇恩用黑牛代替。寇恩详述其间原委。主要是要说明两个问题：第一，换牛是粟君提议的，且是用黄牛换的黑牛；第二，黄牛和黑牛的价值相当。而此前，甲渠候粟君却说他除了交付一头牛给寇恩当雇费，又借给寇恩一头牛以运鱼，按他的说法寇恩实际上是收了两头牛，这与寇恩供词中所述一头黑牛换一黄牛是完全不同的。其次，粟君又说寇恩将其借给他的牛卖了，而仅将所付充作雇值的牛还给他，二牛相差有二十石的价格，这与寇恩所说黄牛与黑牛价钱相当又不同。两人到底是谁说了谎，后者很容易搞清楚，据寇恩供词八岁公黄牛的市面价值与五岁公黑牛的市面价值都是六十石，相信这一点在当时不用调查就可以凭常识判断，粟君所言非实，况且华商、周育也可作证。前者需要深入调查，看看寇恩是否曾经同时拥有黄、黑两头牛，粟君处的黄牛到底是一直都有的，还是待到寇恩从觻得返回后再还给他。具体的调查过程在册书中并未详细展开，但却可以推知。

在到达目的地觻得后，寇恩将所贩的鱼全部卖了，价钱远远低于最初估价，于是不得不又将本是充作运费的黑牛卖掉，凑了钱三十二万给粟君的老婆业，这与当初四十万的估价还差八万。于是，寇恩将价值一万五千六百钱的羊皮口袋、大竹笥、装粮食的去卢（盛放粮食的竹器）、两根牛拉套时用的绳子放在业的车上一同返回。到了北部，寇恩买了十斤肉给业，值一石谷。到了第三置，又为业买了两石大麦。前后共三石，总计谷三石、钱一万五千六百。不但如此，寇恩还将业及车辆运回居延，其间经过了二十多日，未计雇费，若按二十日算也有四石谷,值钱一万六。最后,寇恩再次强调无论是华商交付的黄牛还是周育交付的黑牛市值都是六十石谷,粟君也是视牛为这个价值付给其雇费的,根本不存在如粟君所说的所谓前后牛有差价的问题。至此,寇恩的第二次陈述完毕,与第一次供词即乙卯爰书相比,除了在计算方法方面有所不同,二者内容完全一致,应该说没有前后出入的现象。

此案中甲渠候粟君这一桩买卖可谓大赚一笔。首先,作为甲渠候官的长官,他是不可能自己去捕鱼的,所以其所要运送的五千条鱼必然是专门雇人捕捞得来,又根据寇恩供词,实际上捕鱼者不是别人正是寇恩的儿子寇钦,或许正是因为其子在粟君处捕鱼,粟君才找到寇恩从居延到觻得去贩卖,而寇恩同意为其贩卖,似乎也有帮助粟君卖掉鱼货,从而再向粟君讨要儿子雇工费的意思。然而捕鱼劳务费却因寇恩欠粟君八万而未付,所以这五千条鱼粟君是白得的。另外,粟君又强迫属下为其贩鱼,属下因无法离岗则在无奈之下只有用财物相抵,而粟君又取其中一半不到的财物雇用寇恩,然后又通过预先估值这样的手段逼迫寇恩估值四十万,导致其最终欠钱八万,并以此为借口克扣了寇恩财物及其儿子的工钱。在这样的情况下,粟君还居然向居延县廷提出诉讼,想再从寇恩处捞到好处,真可谓贪得无厌,恬不知耻。

此案中的寇恩根本不怕粟君和他打官司,显然是比较有心计的人。寇恩知道粟君付给他的牛和谷子是从粟君下属那里白拿来的,而且他得到的只是粟君两头牛和五十五石谷的一半。从他卖牛一事也能看出他很精明,当初他显然是用粟君的大车载鱼去卖的,大车驾辕的牲口也是粟君的。因为出发时,车上有鱼是满载,因此他把粟君给他的那头牛用来拉车,卖完鱼要回来时已经空车,不需要再用两头牲口拉车,因此他卖了拉套的牛。不管他卖鱼是不是他所说的得到的钱少,反正借机把牛一起卖了,最后回到居延时,让粟君无法用扣下牛的方式抵偿尚缺的八万钱。

从常理上推断,这辆车本来是寇恩从粟君那里带走用来运鱼的,他自然也有责任再带回来,寇恩想给人留下的意思是,所有的钱物交接已经在觻得和粟君的妻子业一笔结清了,回程赶大车就不再是自己分内的事,粟君的妻子又坐在大车里一起回来,他认为这笔账也应该算一算。

总之,出现纠纷以后,寇恩在自证辞中算起账来也是滴水不漏,给人的印象是,他似乎不仅不欠粟君的钱,倒好像是粟君欠了他不少钱。看来这场诉讼首先要取决于拿出牛的华商与周育的证辞了,至于其他尚不易推测。而粟君即使在这场诉讼中胜诉了,也可能遇到麻烦,理由在于,粟君打鱼卖鱼看来完全与他的任职无关,可以说这些生产和商业行为是为了个人增加额外收入而进行的。当初粟君让甲渠令史华商、尉史周育去卖鱼,这两个人不能去,只好各自拿出牛和谷子权当自己付给粟君的费用。先不说这笔收益中粟君只用一半左右用于雇佣寇恩、留下一半归自己的问题,还应注意到,从整笔得到的财物来看都会引起粟君触犯法律的后果。汉初的法律规定,官吏在他行使权力的范围内,如果接受了其他官吏或百姓的饮食,就要被免职。对于粟君的处罚我们无从得知,但可以推测,当甲渠候粟君的自证爰书写毕,然后按规定送到居延县县廷,如果候粟君的证词仍然坚持自己的债权主张,那么,居延县就要正式开庭审理此案,可惜,粟君的自证爰书以及庭审的过程和最终的判决我们无法看到。粟君和寇恩在这场官司中谁胜谁负也无法推定,但粟君也许逃不过这件纠纷之前他敲诈自己下属一笔财产的违法行为的处罚。本案没有结束,所以未见判决结果,但总的趋势是对寇恩有利。此案中,控告主为官员,而被告为平民,在诉讼社会地位相差悬殊的情况下,居延县廷尚能保持客观公正,认真细致地进行调查,实为难能可贵。

长沙五一广场东汉简牍记录了一起汉和帝永元十五年(103年)由船师王皮与彭孝之间的债务纠纷引发的案例。

永元十五年闰月丙寅朔八日癸酉,武陵太守伏波营军守司马郢叩头死罪敢言之。前言船师王皮当偿彭孝夫文钱。皮船载官米,财遣,孝家从皮受钱。郢叩头叩头死罪死罪。皮船载米四千五百斛,已重,孝不成。今月六日遣屯长王于将皮诣县,与孝、谊。谊未到。亭长姓薛不知名夺收捕皮,系亭。案:军粮重事,皮受僦米六百卅斛,当保米至屯营。今收系皮,空船无摄护者。亭重船稽留有日,不得发,恐宿夜灾异,无谁诡责。郢客吏被蒙府厚恩,发遣正营流汗。唯长沙府财吏马,严临湘晨夜遣当代皮摄船者诣郢,须进道。皮讼决,手械,部吏传诣武陵临沅保入官。

朱郢诚惶诚恐,叩头叩头死罪,敢言之。

闰月十日乙亥,长沙太守行文书事太守丞虞谓临湘:写移县,知皮受僦当保载,而盛卷拘留皮,又不遣孝家受取直,更相推移,何?书到,亟处言会,急疾如律令。掾广、卒史昆,书佐熹。

今白谁收皮者召之闰月十一日开。(J1③:325-1-140)①

守,代理,试职。船师,船夫。不成,指彭孝取钱不成功,即讨债没有结果。屯长,军吏,军营中的小队长。将,护送、押送。僦,雇佣,"受僦米六百卅斛"指王皮所获得的雇佣费是六百三十斛米。摄护,保护。稽留,停留、延迟。诡责,责问,即承担责任之义。被蒙,蒙受。正营,惊慌失措。摄船者,指驾驶船舶的人。须,指须臾、即刻,"须进道",意即迅速开赴。

本文书的内容是长沙太守府下达给临湘县廷的指令,包含两份文档:一是武陵太守属下伏波营军官司马朱郢写给长沙太守府的文书抄件,二是长沙太守府指令临湘县经办上述文书抄件事宜的正件。②

永元十五年(103年)正月八日,武陵太守属下伏波营军守司马朱郢上书:船夫王皮欠了彭孝的钱,由于王皮要为伏波军营运送军粮,判决要求彭孝去王皮处要钱。王皮的船只装载了四千五百斛米,等到粮食装载完毕,彭孝都没有来取钱。本月六日,屯长受命护送王皮到临湘县开船送粮食,应交付给孝、谊,但谊却没有到。一个姓薛的亭长强行逮捕了王皮,将他关

---

①释文参杨小亮:《关于"王皮木牍"的再讨论》,《出土文献》2020年第4期,第14页。
②姚远:《长沙五一广场东汉简牍释译》,王沛主编《出土文献与法律史研究》第四辑,上海:上海人民出版社,2015年,第299—302页。

押在亭。军粮运输事关重大，王皮已经领受了运费，应当确保将米运送到军营。现在逮捕王皮，船上空无一人，无人看护。而船舶满载，在临湘县已经停留一整天，不能出发，唯恐夜晚有灾祸发生，而无人承担责任。朱郢是武陵郡府太守的客吏，工作小心谨慎。他请长沙府速速下令，督促临湘县令连夜派遣可以替代王皮工作的人来我处报到，并催促其连夜出发。待王皮案件判决之后，将王皮戴上刑具，由长沙府的官吏押送至武陵郡临沅县，将人与判决书一同送入临沅官府。

闰月十日，长沙太守府丞虞给临湘县令文书如下：将武陵郡守伏波营军守司马朱郢的文书誊抄一份转给临湘县。明知王皮已经领取了军粮的运费，就应当保证他运送军粮。现在却将王皮逮捕拘留，又不通知彭孝及家人来处理纠纷，诸官员之间还相互推诿，这是为什么？收到文书后，快速处理并上报回禀。依律令快速处理。掾广、卒史昆、书佐熹现禀报：正月十一日开始办理此事。

案件是由于官员不善于处理复杂案情，判断失误引起的。本案主要人物船师王皮既欠彭孝的钱，同时又承担用船运送四千五百斛粮食至军营的重任。而官员或因债务问题扣押了王皮，致使送军粮的任务被耽搁，这无疑是因小失大，招致军方担心乃至不满，从而催促长沙府命令临湘县赶紧找人替代王皮完成输送军粮至军营的任务。此案中有船师王皮与彭孝之间的经济纠纷，亦有伏波营与长沙府之间的运输管理矛盾。

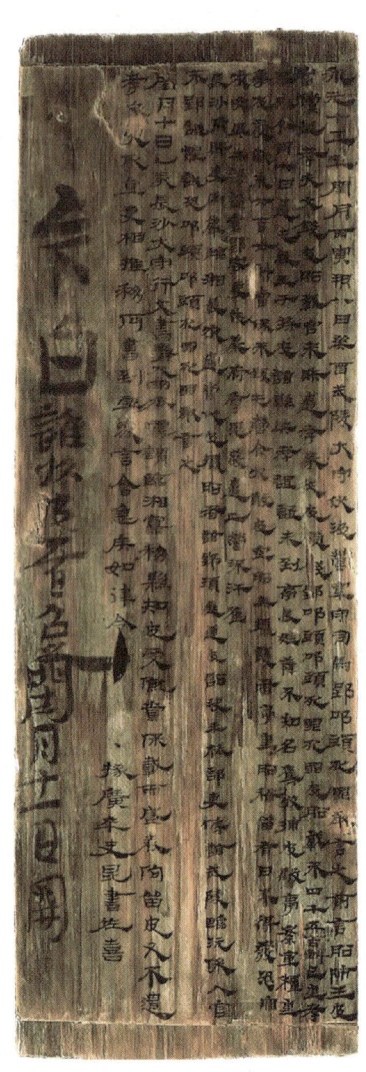

> 图2-6-2　长沙五一广场东汉简牍J1③:325-1-140[1]

---

[1] 引自长沙市文物考古研究所：《湖南长沙五一广场东汉简牍发掘简报》，《文物》2013年第6期，第15页图一七。

第三编

如鼓琴瑟

简牍法律文献所反映的秦汉婚姻家庭问题

第三编 如鼓琴瑟:简牍法律文献所反映的秦汉婚姻家庭问题

一、父权至上:
秦汉简帛律令中的父亲角色

    家庭关系主要包括父母与子女关系、男女夫妻关系、兄弟姐妹关系,其中夫妻之间是婚姻关系,而其他两种是血缘关系。

    秦汉时期,作为父亲或者丈夫的男主人在家庭中处于绝对权威地位。一户的财产为家庭内男性共有,即使丈夫因为犯罪被关押收监后,婚后两人共同创造的财富实际上还是归属于丈夫,而妻子仅仅可以拿回自己陪嫁的财物。睡虎地秦简《封诊式·封守》8有:"乡某爰书:以某县丞某书,封有鞫者某里士伍甲家室、妻、子、臣妾、衣器、畜产。"①以上是根据某县县丞的文书,查封被审讯人某里士伍甲的房屋、妻子、儿女、奴婢、衣物、畜牲,可见全家财产及人口,作为父亲都有权支配。睡虎地秦简《法律答问》19有:"'父盗子,不为盗。'今假父盗假子,何论?当

---

① 睡虎地秦墓竹简整理小组编:《睡虎地秦墓竹简》,北京:文物出版社,1990年,第149页。

为盗。"①在父子同居的前提下,父亲有权支配全家一切财产,包括儿子的全部财产。在父子同居的条件下,秦律有"父盗子,不为盗"的规定,很显然这是父子同居条件下父亲支配儿子财产的权利的继续和延长。而假父(义父)与假子(义子)之间则属于"盗",则是从血缘亲疏方面考虑,毕竟假父与假子没有血脉相承关系,假父没有支配假子财产的权利。但是父子如果分家之后情况就不同了,父亲不再拥有儿子的财产,在财产关系层面上父权随之消灭。

岳麓书院藏秦简(伍)2-4有:"有子者,毋得以其前夫、前夫子之财嫁及入姨夫及予后夫、后夫子及予所与奸者,犯令及受者,皆与盗同法。母更嫁,子敢以其财予母之后夫、后夫子者,弃市;其受者,与盗同法。"②入姨夫,指交给赘婿。秦律令规定有子的寡妇无法获得夫家财产,不得将前夫或者前夫儿子的财产给予赘婿或者后夫及其儿子。如果寡妇的儿子将自己的财产分予母亲改嫁之后的丈夫及其儿子的,将处以弃市极刑。就夫妻双方财产权而言,秦汉时期仍是以夫方为主,妻子仅在丈夫去世而且无继承人的情况下才可有条件地支配家庭财产,再嫁或招赘的情况下皆不得将前夫财产给予后夫及后夫的儿子使用,禁绝寡妇再嫁过程中夫家财产的流动。

尽管男尊女卑,但相对于家庭中的子女、奴婢而言,男主人、妻子同处于家长的地位。丈夫殴打妻子,损伤其身体,要处

---

① 睡虎地秦墓竹简整理小组编:《睡虎地秦墓竹简》,北京:文物出版社,1990年,第151页。
② 陈松长主编:《岳麓书院藏秦简(伍)》,上海:上海辞书出版社,2017年,第39-40页。

以耐刑(剃去胡须)。睡虎地秦简《法律答问》79:"妻悍,夫殴治之,决其耳,若折肢指、胅体。问夫何论。当耐。"①若,或者。胅(dié),指骨肉突出,胅体指脱臼。丈夫殴打妻子并导致其受伤的行为,在秦代尚属有罪,但到西汉初年,已按无罪处理。张家山汉简[247号墓]《二年律令·贼律》32有:"妻悍而夫殴笞之,非以兵刃也,虽伤之,毋罪。"②张家山汉简[336号墓]《汉律十六章·贼律》38③规定完全相同。与此形成鲜明对比的是,如果妻子殴打丈夫,无论有伤无伤,一律定罪处罚,这是典型的维护夫权的律条。张家山汉简[247号墓]《二年律令·贼律》33④、张家山汉简[336号墓]《汉律十六章·贼律》37⑤均规定有"妻殴夫,耐为隶妾"。如果妻子殴打丈夫,处以耐为隶妾。

至于儿女伤父母、奴婢伤主人则处以极刑。岳麓书院藏秦简[肆]13-14规定:"子杀伤、殴詈、牧杀父母,父母告子不孝及奴婢杀伤、殴、牧杀伤主、主子父母,及告杀,其奴婢及子已亡命而自出者,不得为自出。"⑥凡是以下犯上伤害父母或主人,即使自首也要处以重刑。张家山汉简[247号墓]《二年律令·贼律》

---

① 睡虎地秦墓竹简整理小组编:《睡虎地秦墓竹简》,北京:文物出版社,1990年,第112页。
② 张家山二四七号汉墓竹简整理小组编:《张家山汉墓竹简[二四七号墓]》(释文修订本)》,北京:文物出版社,2006年,第13页。
③ 荆州博物馆编、彭浩主编:《张家山汉墓竹简[三三六号墓]》,北京:文物出版社,2022年,第169页。
④ 张家山二四七号汉墓竹简整理小组编:《张家山汉墓竹简[二四七号墓]》(释文修订本)》,北京:文物出版社,2006年,第13页。
⑤ 荆州博物馆编、彭浩主编:《张家山汉墓竹简[三三六号墓]》,北京:文物出版社,2022年,第168页。
⑥ 陈松长主编:《岳麓书院藏秦简(肆)》,上海:上海辞书出版社,2015年,第43页。

34—35①、张家山汉简[336号墓]《汉律十六章·贼律》28②、30③均规定:"子贼杀伤父母,奴婢贼杀伤主、主父母妻子,皆枭其首市。子牧杀父母,殴詈大父母、父母、假大母、主母、后母,及父母告子不孝,皆弃市。"与之类同。

睡虎地秦简《封诊式·告子》50—51有:"爰书:某里士伍甲告曰:'甲亲子同里士伍丙不孝,谒杀,敢告。'即令令史己往执。令史己爰书:与牢隶臣某执丙,得某室。丞某讯丙,辞曰:'甲亲子,诚不孝甲所,无它坐罪。'"④某里士伍甲控告亲生儿子丙不孝顺,要求处以死刑,司法机关当即命令史己前往捉拿归案。经过审判认定,丙确实对其父不孝,但没有前科。至于判处何种刑罚,虽然爰书中没有记载,但其命运是不堪设想的。因为在睡虎地秦简《封诊式·迁子》46—49有:"爰书—某里士伍甲告曰:'谒鋈亲子同里士伍丙足,迁蜀边县,令终身毋得去迁所,敢告。'告废丘主:士伍咸阳在某里曰丙,坐父甲谒鋈其足,迁蜀边县,令终身毋得去迁所论之,迁丙如甲告,以律包。今鋈丙足,令吏徒将传及恒书一封诣令史,可受代吏徒,以县次传诣成都,成都上恒书太守处,以律食。废丘已传,为报,敢告主。"⑤这份爰

---

① 张家山二四七号汉墓竹简整理小组:《张家山汉墓竹简[二四七号墓](释文修订本)》,北京:文物出版社,2006年,第13页。
② 荆州博物馆编,彭浩主编:《张家山汉墓竹简[三三六号墓]》,北京:文物出版社,2022年,第167页。
③ 荆州博物馆编,彭浩主编:《张家山汉墓竹简[三三六号墓]》,北京:文物出版社,2022年,第167页。
④ 睡虎地秦墓竹简整理小组:《睡虎地秦墓竹简》,北京:文物出版社,1990年,第156页。
⑤ 睡虎地秦墓竹简整理小组:《睡虎地秦墓竹简》,北京:文物出版社,1990年,第155页。

书中甲控告亲生儿子丙并请求将丙断足，流放到蜀郡边远县份，让他终生不得离开流放地点。司法机关不折不扣地满足了父亲甲的要求，在将丙断足的同时，命令家属一起流放到蜀郡。

睡虎地秦简《法律答问》103-105有："'公室告'何也？'非公室告'何也？贼杀伤、盗它人为'公室'；子盗父母，父母擅杀、刑、髡子及奴妾，不为'公室告'。何谓'非公室告'？主擅杀、刑、髡其子、臣妾，是谓'非公室告'，勿听。而行告，告者罪。告者罪已行，它人又袭其告之，亦不当听。"[1]法律禁止子女告父母、奴婢控告主人，不准以下犯上。主人擅自杀死、打伤儿女或奴婢，这叫非公室告。如果有人控告，不予受理。如果继续强行控告，控告者有罪。如果控告者已经被处治，又有别人接着控告，也不受理。张家山汉简[247号墓]《二年律令·告律》133[2]、张家山汉简[336号墓]《汉律十六章·告律》[3]亦有类似规定："子告父母，妇告威公，奴婢告主、主父母妻子，勿听，而弃告者市。"

儿子控告父母，妇女控告婆婆，奴婢控告主人、主人的父母、妻子、儿女，都不要受理，而且对控告者处以弃市。《唐律疏议》卷二十三："诸告祖父母、父母者，绞。"卷二十四："诸部曲奴婢告主，非谋反逆叛者，皆绞。"以上规定禁止子女对父母、奴婢对主人提出控告，都体现出在家庭内部父权至上的原则。

---

[1]睡虎地秦墓竹简整理小组编：《睡虎地秦墓竹简》，北京：文物出版社，1990年，第117-118页。
[2]张家山二四七号汉墓竹简整理小组编：《张家山汉墓竹简[二四七号墓]（释文修订本）》，北京：文物出版社，2006年，第27页。
[3]荆州博物馆编、彭浩主编：《张家山汉墓竹简[三三六号墓]》，北京：文物出版社，2022年，第176页。

睡虎地秦简《法律答问》102①有"免老告人以为不孝,谒杀,当三环②之不?不当环,亟执勿失"。即说如果老人控告不孝,要求判以死刑,应否经过三次原宥(宽容原谅)的手续,不应原宥,要立即拘捕,勿令逃走。

而张家山汉简[247号墓]《二年律令·贼律》34-39③、张家山汉简[336号墓]《汉律十六章·贼律》28-32④有"子贼杀伤父母,奴婢贼杀伤主、主父母妻子,皆枭其首市。子牧杀父母,殴詈泰父母、父母、假大母、主母、后母,及父母告子不孝,皆弃市。其子有罪当城旦舂、鬼薪白粲以上,及为人奴婢者,父母告不孝,勿听。年七十以上告子不孝,必三环之。三环之各不同日而尚告,乃听之。教人不孝,黥为城旦舂。贼杀伤父母,牧杀父母,殴詈父母,父母告子不孝,其妻子为收者,皆锢,令毋得以爵偿、免除及赎。父母殴笞子及奴婢,子及奴婢以殴笞辜死,令赎死"。以上规定儿女牧(谋)杀父母(谋划杀害父母而没有成功)、殴打辱骂祖父母、父母、继祖母、有母子关系的女主人、继母,以及父母控告儿子不孝,皆处以弃市。但当儿女犯了应当判处城旦舂、鬼薪白粲以上的罪,以及作为他人的奴婢,这些人的父母控告其不孝时,不要受理案件。年龄在七十岁以上的老人控告儿女不孝,必须经反复告三次,司法部门才予以受理。

---

① 睡虎地秦墓竹简整理小组编:《睡虎地秦墓竹简》,北京:文物出版社,1990年,第117页。
② "三环"或理解作"三还",反复告三次;或作"三却",三次拒绝。
③ 张家山二四七号汉墓竹简整理小组编:《张家山汉墓竹简[二四七号墓](释文修订本)》,北京:文物出版社,2006年,第13-14页。
④ 荆州博物馆编、彭浩主编:《张家山汉墓竹简[三三六号墓]》,北京:文物出版社,2022年,第167页。

如果老人在不同的日子反复控告三次以后还再上告,这时司法部门要予以受理。教唆他人不孝,处以黥为城旦舂。儿子故意杀伤父母,牧(谋)杀父母,殴打辱骂父母,父母控告儿子不孝,除儿子之外,妻子也要在抓捕之列,都要监禁起来,并戴上枷锁,而且不能以爵位来抵偿其罪行、免罪以及赎罪。父母殴打儿女以及奴婢,儿子以及奴婢因此殴打笞责而受伤死去,责令其父母赎死。

从中可见秦汉法律对于老人告子女不孝的处理,显然是不同的。秦简律文规定,老人如果告子女不孝,政府应当立即逮捕不孝子女并处以极刑。汉简律文对于不孝子女处理近同,但指出如果子女为国家服役或是别人的奴婢,这种情况下,父母告不孝,政府不受理。也就是说,父母的权威只局限家庭之内,父母打死子女可以赎死,而子女以下犯上必然处死,体现出父权至上。但一旦涉及其他社会主体,它并不会优先得到尊重,则体现出国大于家的精神。因此,父权至上主要体现在家庭内部。在父子同居的家庭中,父母享有对家庭财产的分配权,子女未经父亲的允许不得擅自动用和处置家庭财产。睡虎地秦简《法律答问》106有:"家人之论,父时家罪也,父死而甫告之,勿听。何谓'家罪'?'家罪'者,父杀伤人及奴妾,父死而告之,勿治。"①睡虎地秦简《法律答问》108有:"何谓'家罪'?父子同居,杀伤父臣妾、畜产及盗之,父已死,或告,勿听,是谓'家

---

①睡虎地秦墓竹简整理小组编:《睡虎地秦墓竹简》,北京:文物出版社,1990年,第118页。

罪'。"①以上两条律文解释中的"家罪"仅限于家庭内部,如果家庭成员(无论是否为尊长),犯了谋反、抢劫等罪行,只要他还活着,家庭成员都可以向官府告发,甚至可以协助官府将其捉拿归案。因此,秦汉律中"公室告"与"家罪"的有关规定,源自法家之君权高于父权、官方利益高于家族利益的政治理念。②

二、所谓伊人,在水一方:秦汉简帛案例中的女子形象

秦汉时期,家长在子女婚姻问题上拥有绝对话语权,但值得注意的是,秦汉时期的女子还没有完全被封建礼教所禁锢,尤其是在汉朝儒教未兴之时,整个社会处于较为开放活跃的氛围,相对于后世而言,秦汉时期的女子在婚姻方面享有一定的自主权,不仅在选择婚姻对象上有一定的权利,同时在终止婚姻关系、改嫁、再嫁方面都有一定的权利。当时已婚女性在婚姻关系中常常采取逃亡的方式,主动摆脱不理想的婚姻。

①睡虎地秦墓竹简整理小组编:《睡虎地秦墓竹简》,北京:文物出版社,1990年,第119页。
②于振波:《从"公室告"与"家罪"看秦律的立法精神》,《湖南大学学报》2005年第5期,第44页。

当然,秦汉魏晋时期是一个以男性为本位的社会,婚姻形态为一夫多妻制。作为正妻之外的妾,其称谓形式非常复杂。张家山汉简[247号墓]中屡屡出现"偏妻""下妻",是指偏房。2007年11月,湖北荆州沙市谢家桥一号汉墓出土第1号木牍,内容是告地书,上有"偏下妻",即偏妻、下妻。而长沙走马楼三国吴简中出现"大妻""中妻""小妻"这一系列的称谓。如长沙走马楼三国吴简[二]2405有"豨中妻大女粥年卅五,筭一□;豨小妻大女琐年卅,筭一□"。①孙吴时期中妻、小妻身份是在动态转换中的,随着年轻女性纳入家庭,小妻身份自动在下次户籍登记时变为中妻。当户主过世,成年男子代户之后,小妻的身份又转为小母。吴简中的这种一夫多妻现象体现了男尊女卑的社会现象,妇女没有自由权利。

秦汉法律中禁止与逃亡女性结婚,违者严厉处治。睡虎地秦简《法律答问》166-168规定:"女子甲为人妻,去亡,得及自出,小未盈六尺,当论不当?已官,当论;未官,不当论。女子甲去夫亡,男子乙亦阑亡,相夫妻,甲弗告情,居二岁,生子,乃告情,乙即弗弃,而得,论何也?当黥城旦舂。甲娶人亡妻以为妻,不知亡,有子焉,今得,问安置其子?当畀。或入公,入公异是。"②官,指婚姻经官府认可。异是,与之不合,此指与律意不符。这三条律文指出已婚女性私自逃亡的三种情况,第一种是未成年女性私自逃亡被捕获或者自首都要依律论罪;第二种是

---

① 长沙简牍博物馆等编:《长沙走马楼三国吴简(二)》,北京:文物出版社,2007年,第766页。
② 睡虎地秦墓竹简整理小组编:《睡虎地秦墓竹简》,北京:文物出版社,1990年,第132页。

男子乙在女子甲生了孩子告知其实情后没有休弃甲，后来二人被捕获，应黥为城旦舂；第三种是对男女私生的小孩不能没收归官，而是归还给男子。

张家山汉简［247号墓］《二年律令·亡律》168-169有："娶人妻及亡人以为妻，及为亡人妻，娶及所娶、为媒者，知其情，皆黥以为城旦舂。其真罪重，以匿罪人律论。弗知者不□"①张家山汉简［336号墓］《汉律十六章·亡律》247-248亦同："娶人妻及亡人以为妻，及为亡人妻，娶及所娶，为媒者，知其情，皆黥以为城旦舂。其真罪重，以匿罪人律论。弗知，赎耐。"②这是说娶他人的妻子以及逃亡犯为妻，以及当逃亡犯的妻子，娶人的以及所娶的人、媒人知道真实情况却依然去做，均判处黥为城旦舂。如果逃亡人本身的罪行重，按藏匿罪人的律文论罪。

张家山汉简［247号墓］《奏谳书》案例四28-35③是一例娶逃亡人为妻案。

胡丞憙敢谳之。十二月壬申，大夫茆诣女子符，告亡。·符曰：诚亡，诈自以为未有名数，以令自占书名数，为大夫明隶，明嫁符隐官解妻，弗告亡，它如茆。解曰：符有名数明所，解以为毋恢人也，娶以为妻，不知前亡乃后为明隶，它如符。诘解：符虽

---

① 张家山二四七号汉墓竹简整理小组编：《张家山汉墓竹简［二四七号墓］（释文修订本）》，北京：文物出版社，2006年，第31页。
② 荆州博物馆编，彭浩主编：《张家山汉墓竹简［三三六号墓］》，北京：文物出版社，2022年，第197页。
③ 张家山二四七号汉墓竹简整理小组编：《张家山汉墓竹简［二四七号墓］（释文修订本）》，北京：文物出版社，2006年，第94页。

有名数明所,而实亡人也。律:娶亡人为妻,黥为城旦,弗知,非有减也。解虽弗知,当以娶亡人为妻论,何解? 解曰:罪,毋解。明言如符、解。问:解故黥劓,它如辞。鞠:符亡,诈自占书名数,解娶为妻,不知其亡,审。疑解罪,系,它县论,敢谳之。吏议:符有数明所,明嫁为解妻,解不知其亡,不当论。或曰:符虽已诈书名数,实亡人也。解虽不知其情,当以娶亡人为妻论,斩左趾为城旦。廷报曰:娶亡人为妻论之,律白,不当谳。

此案被告人是解,罪名是娶逃亡者符为妻。而女子符是大夫明的奴婢,她隐瞒自己逃亡的身份,嫁给解为妻。虽然符在明家有户籍,但实际上是一个逃亡的人。此案初审时官员认定解虽不知情,但要按照娶逃亡者为妻处治。复审时官吏议定两种处理意见:第一种是由于解不知道符是逃亡者,因此不应该论罪。另一种处理意见是符虽然谎报户籍,实际上是一名逃亡者。解虽然不知道实情,但还是要按娶逃亡者为妻论罪,判斩左趾为城旦。廷尉最后裁决,法律上有明文规定,解应该按娶逃亡者为妻论处。至于本案中如何处理符,则没有说明。

在简帛文献中常常出现描述婚姻关系不稳定或者破裂的材料,而导致婚姻破裂的因素主要有三种:[1]

一是妻悍、妻妒、妻多舌,这些不良品行会影响婚姻关系的稳定。睡虎地秦简《日书甲种》68正壹有:"角,利祠及行,吉。

---

[1] 贾丽英:《秦汉家庭法研究:以出土简牍为中心》,北京:中国社会科学出版社,2015年,第53-54页。

不可盖屋。取妻,妻妒。"①72正壹:"心,不可祠及行,凶。可以行水。取妻,妻悍。"②74正壹:"箕,不可祠。百事凶。取妻,妻多舌。"③以上就指出妻子妒忌、为人凶暴、爱搬弄是非的不良品德。这种情况会导致家庭矛盾或邻里关系不和,从而影响家庭和谐。睡虎地秦简《法律答问》、张家山汉简[247号墓]《二年律令·贼律》、张家山汉简[336号墓]《汉律十六章·贼律》都描述到因妻子凶悍,丈夫愤而殴打妻子。睡虎地秦简《法律答问》79:"妻悍,夫殴治之,决其耳,若折肢指、胅体。问夫何论?当耐。"④张家山汉简[247号墓]《二年律令·贼律》32⑤、张家山汉简[336号墓]《汉律十六章·贼律》38⑥:"妻悍而夫殴笞之,非以兵刃也,虽伤之,毋罪。"从中可以看出秦律相对严厉,如果妻子受伤程度较为严重,丈夫还是要被治罪,处以耐刑,尽管判罚较轻。而至西汉,丈夫如果没用兵器殴打悍妻,即使妻子被打伤,也不会治罪。而且,对女子"悍"的控告,似乎是不需要提供证据的,往往只是凭借原告诉辞定罪。

---

① 睡虎地秦墓竹简整理小组编:《睡虎地秦墓竹简》,北京:文物出版社,1990年,第191页。
② 睡虎地秦墓竹简整理小组编:《睡虎地秦墓竹简》,北京:文物出版社,1990年,第191页。
③ 睡虎地秦墓竹简整理小组编:《睡虎地秦墓竹简》,北京:文物出版社,1990年,第191页。
④ 睡虎地秦墓竹简整理小组编:《睡虎地秦墓竹简》,北京:文物出版社,1990年,第112页。
⑤ 张家山二四七号汉墓竹简整理小组编:《张家山汉墓竹简[二四七号墓](释文修订本)》,北京:文物出版社,2006年,第13页。
⑥ 荆州博物馆编,彭浩主编:《张家山汉墓竹简[三三六号墓]》,北京:文物出版社,2022年,第169页。

二是妻不宁、妻不居,指妻子不安宁,不在夫家居住。而此类现象多源于妻子对丈夫才能、经济、社会地位等条件的不满,而离家出走,事实上导致婚姻关系的结束。湖北随州孔家坡汉简《日书》61有:"以娶妻,不宁。"①睡虎地秦简《日书甲种》7背壹有:"壬申、癸酉,天以震高山,以取妻,不居,不吉。"②

三是妻不到、妻逃亡。妻不到,指妻子逃婚,直接导致婚姻关系的结束,显示了女子在婚姻关系中具有一定的主动性。孔家坡汉简《日书》59有"娶妻,妻不到"③。

另外,睡虎地秦简《法律答问》169有:"弃妻不书,赀二甲。其弃妻亦当论不当?赀二甲。"④丈夫出于某种原因可以弃妻,但弃妻也要到官府登记,否则要被罚二甲。丈夫弃妻要到官府报告,这也从侧面反映出妻子有一定地位,丈夫不得随意抛弃妻子。张家山汉简[247号墓]《二年律令·置后律》384有:"女子为户毋后而出嫁者,令夫以妻田宅盈其田宅。宅不比,弗得。其弃妻,及夫死,妻得复取以为户。弃妻,畀之其财。"⑤这表明女性嫁给丈夫后,对自己从娘家带过来的嫁赀具有持有权,如果被丈夫抛弃,可以将这部分财产带走。此律文说明在夫妇关系中

---

① 湖北省文物考古研究所,随州市考古队编:《随州孔家坡汉墓简牍》,北京:文物出版社,2006年,第134页。
② 睡虎地秦墓竹简整理小组编:《睡虎地秦墓竹简》,北京:文物出版社,1990年,第208页。
③ 湖北省文物考古研究所,随州市考古队编:《随州孔家坡汉墓简牍》,北京:文物出版社,2006年,第134页。
④ 睡虎地秦墓竹简整理小组编:《睡虎地秦墓竹简》,北京:文物出版社,1990年,第133页。
⑤ 张家山二四七号汉墓竹简整理小组编:《张家山汉墓竹简[二四七号墓](释文修订本)》,北京:文物出版社,2006年,第61页。

妇女尽管属于从属地位，但仍有一定的独立性，其权益受到法律的保护。

秦汉时期两性观念相对开放，社会上出现通奸，甚至乱伦现象的非正常两性关系。

睡虎地秦简《法律答问》173有："甲、乙交与女子丙奸，甲、乙以其故相刺伤，丙弗知，丙论何也？毋论。"[1]甲、乙都和女子丙通奸，甲、乙因争风吃醋而互相刺伤，丙不知情，丙应如何论处？不予论处。《封诊式》95："爰书：某里士伍甲诣男子乙、女子丙，告曰：乙、丙相与奸，自昼见某所，捕校上来诣之。"[2]某里士伍甲送来男子乙、女子丙，报告说："乙、丙通奸，昨日白天在某处被发现，将两人捕获并加木械，送到。"在秦律中对通奸处理相对要轻一些。

张家山汉简［247号墓］《二年律令·杂律》188-192[3]、张家山汉简［336号墓］《汉律十六章·襍律》305-313[4]有："民为奴妻而有子，子畀奴主；主婢奸，若为它家奴妻，有子，子畀婢主，皆为奴婢。奴与庶人奸，有子，子为庶人。奴娶主、主之母及主妻、子以为妻，若与奸，弃市，而耐其女子以为隶妾。其强与奸，除所强。同产相与奸，若娶以为妻，及所娶皆弃市。其强与奸，除

---

[1] 睡虎地秦墓竹简整理小组编：《睡虎地秦墓竹简》，北京：文物出版社，1990年，第134页。

[2] 睡虎地秦墓竹简整理小组编：《睡虎地秦墓竹简》，北京：文物出版社，1990年，第163页。

[3] 张家山二四七号汉墓竹简整理小组编：《张家山汉墓竹简［二四七号墓］（释文修订本）》，北京：文物出版社，2006年，第34页。

[4] 荆州博物馆编、彭浩主编：《张家山汉墓竹简［三三六号墓］》，北京：文物出版社，2022年，第206-207页。

所强。诸与人妻和奸,及其所与皆完为城旦舂。其吏也,以强奸论之。"其中"和奸",指通奸。这段律文中指出如果主人与奴婢通奸,生有孩子,孩子交给奴婢的主人。奴与平民通奸,即非法之婚外性乱,生有小孩,孩子归女方,作为平民对待。奴娶主人、主人的母亲以及主人的妻子、女儿为妻,或者与之通奸,处以弃市,而将通奸的女人耐为隶妾。如果女子是被强奸的,则免除对受害者的处罚。亲兄弟姐妹相互通奸,或者娶亲姐妹为妻,二人皆处以弃市。如果女子是被强奸的,则免除对受害者的处罚。和他人妻子通奸,通奸的男女均处以完为城旦舂。如果是官吏与他人妻子通奸,以强奸罪论罪。以上律文表明汉代法律对通奸的处理要严厉得多,尤其是对下人与主人通奸甚或乱伦者则处以极刑。另外,如果官吏与人通奸,处理结果要比普通人严厉,按强奸罪论罪。

而在岳麓书院藏秦简(叁)及张家山汉简[247号墓]《奏谳书》中有三件关于处理奸罪的案件,下面我们将详细分析案件办理的具体程序及其处理结果。

岳麓秦简(叁)中第十一件案例是"得之强与弃妻奸案"(简171正-188正)[①]描述当阳县的刑徒得之遇见前妻㐋,想要求欢被拒。得之恼羞成怒,将㐋打倒在地,想要强奸㐋,但遭到㐋的极力反抗而没有得逞。㐋被得之胁迫过程中,遇到里人颠,㐋大声呼救,得之慌忙向颠辩解了一番之后匆匆离去。㐋把自己的遭遇告诉了䧳,并向官府告发了得之。官府拘捕了得之,得之

[①] 朱汉民、陈松长主编:《岳麓书院藏秦简(叁)》,上海:上海辞书出版社,2013年,第198—201页。

却说是与夌通奸而不是强奸,想以此减轻自己的罪行。有关司法部门前后进行几次审理,得之口供前后不一。在前妻夌以及见证人颠、雎的证词下,得之最终交代了自己想要强奸前妻夌的事实,并且承认前几次口供不实,主要是想掩盖真相以减轻自己的罪行。"得之强与弃妻奸案"的乞鞫与覆审脉络是清楚的:得之在一审时因强行与前妻发生性关系,被当阳县"论耐得之为隶臣"。得之不服判决,在秦王政元年四月(前246年)四月,第一次乞鞫,请求重新审理此案。廷史赐等覆审,认定得之乞鞫不实,判"系得之城旦六岁"。于是得之第二次乞鞫,年月不详。二审的结果是,查明得之在服刑期间离开服刑地逃亡,已经判处城旦十二岁岁刑。本次虽没有判处得之城旦六岁刑,但此前十二年的刑期要执行,现一并羁押去得之所在县执行。从此案的处理结果可以看出,虽然夌曾经是得之的妻子,但已经被他抛弃成为"弃妻",从法律上解除婚姻关系,因此,得之必然依法受到制裁。此案是一起只有双方当事人口供和证人证言的主观证据,没有物证等客观证据。审案官员注重了控告人与被告人之间的供述的一致性,对相互矛盾的地方进行诘问,以便厘清案件的真相。同时注重证人证言与案件当事人双方供述的一致性。颠是案件的直接目击证人,雎是案件的间接证人。[1]

岳麓秦简(叁)中第十二个案例"田与市和奸案"(简189正–207正)[2]描述重泉县的隶臣田与大姑家的女儿市通奸,被抓捕

---

[1] 程政举:《先秦诉讼制度研究》,北京:商务印书馆,2022年,第333-334页。
[2] 朱汉民、陈松长主编:《岳麓书院藏秦简(叁)》,上海:上海辞书出版社,2013年,第205-211页。

后，司法机关认定田、市二人通奸的事实，判处耐刑，并贬为隶臣。此后，田多次要求重新审理，均被驳回。在本案中田与大姑家的表妹市多次在某地通奸，夏阳县狱史相听说二人通奸的事情后十分气愤，立即派隶臣毋智将二人当场抓获，然后押送到官府。二人奸情事发，这对表兄妹开始各自想办法疏通关系。市的弟弟骊、亲戚路送给毋智四千钱，想让毋智改口说没有在现场捕获二人。毋智收下钱后，却又怕被官府察觉真相，于是退还了钱。田也请求夏阳县丞祒进行重审。官府询问骊、路，二人交代市派他们去贿赂毋智的事实，并且说田也知情。审问田时他却说毋智并没有在现场捕获他与市通奸之事，不承认有通奸行为，但与骊、路、毋智、市等对事实的供述或所作的证词相矛盾。田说骊和路去贿赂毋智都是市安排的，田只是没有阻止他们而已，这些都不好解释。县丞祒恐吓田说："现在案子就要判决了，市已经承认通奸，现在你又否认通奸，要求重新审理。如果重审此案，会追究你曾经贿赂毋智、企图使他改变事实这一罪行，你会罪上加罪。"田听后非常害怕，但始终没有承认通奸的事实。最终审理结果如下："田和市双方自愿通奸，毋智在现场捕获。田虽然不服，但是无法解释骊、路、毋智、市的供述。田请求重新审理，不符合实际情况。"田最终被判处拘禁十二年，正赶上大赦，最终被释放。在这起案件中，田、市的不正当关系，其实众人皆知，亦多持默认态度，大概是因为得罪了狱史相，才会被抓捕审讯。

从以上两件案例不难发现，秦代案件的审断是围绕被告人的真实供词进行的，反复讯问，直至核实清楚案情疑问为止。

口供虽然是基本的证据形式,在定罪量刑的环节起着至关重要的作用,但是司法官吏并不轻易采纳口供,在审判中重视使用物证、证人证言及勘验报告等客观性证据对犯罪嫌疑人口供的真实性进行印证。在录犯罪嫌疑人口供的过程中,讲求方法和技巧,鼓励"情讯",但不提倡刑讯。从案件的初审、复审到再审,田均未承认与市的通奸行为,侦讯、审理案件的人员、狱吏均没有刑讯逼供。但被告人即使不认罪,只要有证据证明被告人实施了犯罪行为,同样可以定罪判刑。

以上两个案件的罪犯都声称自己并没有实施通奸。罪犯得之辩解称,在他企图强奸其前妻时,他的行为由于受到外界的干扰而中止,自己没有完成未经许可的通奸行为。而罪犯田在官吏指控他通奸时,他辩解称官吏并未在犯罪现场抓获他。根据对通奸案件的法律规定,官吏必须在犯罪现场的通奸过程中抓获罪犯。另外,田指望接受他家人贿赂的证人修改之前所做的证词。重审证实这两名罪犯的辩解与案件事实不符,因此他们被判处比初审时更重一级的刑事处罚。同时还可看出,法律根据男女双方是否具备相奸的意愿,将奸罪区分为强奸与和奸。和奸尽管是男女双方在婚姻关系之外自愿发生两性关系的犯罪,但会严重地破坏社会秩序,对婚姻家庭的稳定也具有重大威胁。因此,对于和奸者,尽管男女双方均为自愿,但对男女双方同样予以惩罚。

而张家山汉简[247号墓]《奏谳书》第二十一则(简180-

196)①案例是夫死未葬而妻与人通奸案。案件主要内容是:现有杜县泸里一女子甲,丈夫公士丁因病死亡,棺材停放在堂上没有安葬。女子甲和丈夫丁的母亲素夜晚守丧,环绕着棺材哭泣。这时,该女子甲和一男子丙一同到棺材后的室内通奸,却被死者的母亲素发现了。次日早上,素到官府控告甲。官府拘捕了甲,但如何定罪,难以断决。

案件呈报到廷尉后,廷尉毂、正始、监弘,以及廷尉史武等三十人对此案进行了讨论。共同认为法律规定,人死后的继承顺序是,妻子在父母之后。参照法律关于"置后"顺序的规定,丈夫尊于妻子。妻子侍奉丈夫,以及为其服丧,应按对待父母一样。妻子作为继承人的顺序,是在丈夫、父母之后。丈夫、父母死后尚未安葬,便在棺材旁与人通奸,应当按不孝论罪。不孝罪判处死刑。次于不孝罪的刑罚是黥为城旦舂,敖悍罪处完刑。众审判官认定:妻对夫的尊敬,仅次于父母。而女子甲在丈夫死后不仅不悲哀,反而在未葬的棺旁与人通奸,犯了不孝和敖悍两种罪。拘捕后虽未审定案情、戴上木枷,但女子甲仍应判决完为舂的刑罚。告知杜县县廷,按此审议论处女子甲。

而廷尉史申在外出返回后,并不同意廷尉等人的论断。他说:"廷尉的论断不对。法律规定:'不孝弃市',如果亲生父亲三天没有饭吃,其子应处何罪?"廷尉毂等人说:"应该判处弃市。"又问:"有一人的父亲死后,其家三日都没祭祀,如何判处此人的罪?"廷尉毂等人答道:"不应当论罪。"再问:"儿子不听

---

① 张家山二四七号汉墓竹简整理小组编:《张家山汉墓竹简[二四七号墓](释文修订本)》,北京:文物出版社,2006年,第108页。

从亲生父亲的教导,与不听从去世父亲的教导相比,哪一条罪重?"彀等人说:"不听从去世父亲的教导,不能定罪。"又问:"丈夫在世时妻子自嫁他人,和丈夫死后而嫁人,哪一条罪重?"彀等人答道:"丈夫在世时妻子自嫁者,以及娶其为妻者,都应黥为城旦舂。丈夫死后妻子嫁人,她和娶她的人,都没有罪。"又问:"欺骗在世的父亲和欺骗已死的父亲,哪种情况下罪重?"彀等人答道:"欺骗已死的父亲,不能论罪。"又问:"丈夫做官,居住在官府里。妻居住在家,常和一男子通奸。丈夫前往捉奸,没有抓住,如何论处?"彀等说:"不应当论处。"于是,廷史申说道:"廷尉、廷史诸位都认为欺骗去世父亲的罪轻于欺骗亲生父亲;欺辱在世丈夫的罪重于欺辱已死的丈夫。女子甲的丈夫死后未葬,她和一男子在棺材旁通奸,捉奸者并没有审核事实,就将他们戴上木枷解送官府,断决'完为舂',难道不太重了吗?"廷尉彀等人承认:"不错,是判决不当。"

　　此案中廷尉等人断案的主要依据是妻应尊夫,与人通奸就是不孝。而廷尉史申的主要依据是夫妻关系是以双方均生存在世为前提的,丈夫死后,妻子再与人发生性关系不为犯罪。而且"捕奸者必案之校上",必须当场捉奸。此案说明在当时,夫妻关系在丈夫生前死后应有所区别。捉奸时,若没有将双方都捕捉到官府审问并得到双方的当堂承认,是无法定为和奸罪的。自秦代始,对奸罪的认定就存在必需的程序要件——"捕校上",这是和奸犯罪成立与否的决定性要素。[1]

---

[1] 朱潇:《岳麓书院藏秦简〈为狱等状四种〉与秦代法制研究》,北京:中国政法大学出版社,2016年,第72页。

第四编

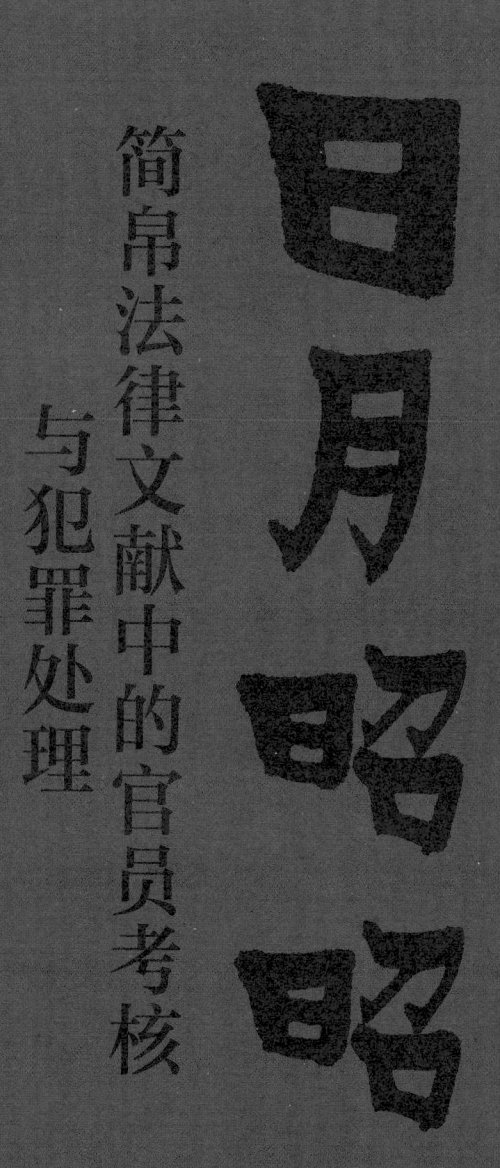

日月昭昭

简帛法律文献中的官员考核与犯罪处理

一、勿以恶小而为之：
秦汉简牍中的为吏之道

睡虎地秦简《为吏之道》[①]、岳麓书院藏秦简（壹）《为吏治官及黔首》[②]、北京大学藏秦简《从政之经》[③]、王家台秦简《政事之常》这四批秦简中都有为官的准则，其中《为吏之道》内容较杂，可以说是一种杂抄文集，大致可以分为六个部分。其中前两部分与《为吏治官及黔首》无论是形式还是内涵，都有很多相同或相通的地方。相对而言《为吏治官及黔首》的内容比较单一，主要是讲官吏的思想道德，其中涉及一些具体的事物。总的看来，前三者内容近同，现列表如下：

[①] 睡虎地秦墓竹简整理小组编：《睡虎地秦墓竹简》，北京：文物出版社，1990年，第167—176页。
[②] 朱汉民、陈松长主编：《岳麓书院藏秦简（壹）》，上海：上海辞书出版社，2010年，第109—149页。
[③] 北京大学出土文献与古代文明研究所编：《北京大学藏秦简牍（壹）》，上海：上海古籍出版社，2023年，第47页。

表4-1-1 《为吏之道》《为吏治官及黔首》《从政之经》内容异同表

内容	为吏之道	为吏治官及黔道	从政之经
五善	吏有五善	吏有五善	
	一曰忠信敬上	一曰忠信敬上	一曰忠信敬上
	二曰清廉毋谤	二曰精廉无谤	二曰精廉无谤
	三曰举事审当	三曰举吏审当	三曰举吏(事)审当
	四曰喜为善行	四曰喜为善行	四曰喜为善行
	五曰恭敬多让	五曰恭敬多让	五曰恭敬多让
	五者毕至,必有大赏	五者毕至,必有天当	五者已至,必有天赏
五失	吏有五失	吏有五失	
	一曰夸以迣	一曰夸而夬	一曰夸以迣
	二曰贵以泰	二曰贵而企	二曰贵以大
	三曰擅裚割	三曰擅折割	三曰擅裚(制)割
	四曰犯上弗知害	四曰犯上不知其害	四曰犯上弗知害
	五曰贱士而贵货贝	五曰贱士贵货贝	五曰贱士贵□
五过		吏有五过	
	一曰见民倨傲	一曰视黔首倨骜	一曰见民□□
	二曰不安其朝	二曰不安其朝	二曰不安其朝
	三曰居官善取	三曰居官善取	三曰居官善取
	四曰受令不僂	四曰受令不僂	四曰受令不僂
	五曰安家室,忘官府	五曰安其家,忘官府	五曰安家室而忘官府
		五者毕至,是谓祸主	
五则		吏有五则	
	一曰不察所亲,不察所亲,则怨数至	一曰不察所亲,则违数至	一曰不察亲,不察亲则怨数至
	二曰不知所使,不知所使,则以权衡求利	二曰不知所使,则以权索利	二曰不知所使,不知所使则权衡利
	三曰兴事不当,兴事不当则民伤指	三曰举事不当,则黔首伤指	三曰兴事不当,兴事不当则民伤指。

续表

内容	为吏之道	为吏治官及黔道	从政之经
五则	四曰善言惰行，则士毋所比	四曰喜言惰行，则黔首毋所比	四曰善言惰行，则士毋比。
	五曰非上，身及于死	五曰善非其上，则身于死	五曰喜非其上，喜非其上，则身及于死

从表4-1-1可见，北大秦简与睡虎地秦简本二者字句接近，岳麓秦简本主要在字词上与二者有所不同，除用假借字外，也用义近字，有些选用字对全句语义起强化作用，而且"吏有五善""吏有五失""吏有五过""吏有五则"标题完整，各小标题下内容更详细。相比而言，睡虎地秦简本有"吏有五善""吏有五失"两个标题，北大秦简本没有标题，二本内容相对简洁。还有，岳麓秦简本在"吏有五则"基础上多了"吏有六殆"，即"吏有六殆：不审所亲，不察所使，亲人不固，同谋相去，起居不指，漏表不审，徽识不齐"，更成系统。总的看来，秦代对官吏要求是"正行修身"，注重品行，"忠敬信上"，慈爱百姓。

秦汉时期官员实行"上计制度"，这是中国古代官僚制度中下级对上级、地方对中央的请示报告制度，用以自下而上的监督考核，对地方财政和公共产品的有效维护起到了至关重要的作用。这一制度杜绝了因各类贪污渎职导致的对公共财产的浪费，保证了国家财政收入的主要来源，不仅有利于维护基层政权结构的稳定，也对加强封建大一统的国家政权有极强的促进作用。

简牍所见上计文书中记录的财政收入主要包括赋税、罚没、征集、官营收益等。上计文书中记录的财政支出主要包括俸禄支出、军费支出、公共服务支出和日常行政支出等。上计文书中有不少人口户籍相关的内容。人口户籍类文书是国家对人口基本信息进行统计和记载的文书。记载的内容包括人口的年龄、性别和地区等。①

秦汉简牍中均有《功令》，是官吏选拔、任用的令文汇编。张家山336号墓汉简《功令》3-4："诸上功劳皆上为汉以来功劳，仿式以二尺牒各为将(状)，以尺三行皆三折好书，以功多者为右次编，上属所二千石官，二千石官谨以庚式案致，上御史、丞相，常会十月朔日。有物故不当迁者，辄言除功牒。"②三行，指直书三行文字。三折，指文字横向隔断成三栏。会，总计。式，法式，范式。案致，审查。物故，事故。除，授。规定官吏每年自占功劳，统计、申告本人本年度的功与劳，这是法律赋予官吏的一项基本权利，也是官吏获得升迁的重要途径和基本程序。如居延汉简13.7有："肩水候官并山燧长，公乘司马成，中劳二岁八月十四日，能书会计，治官民，颇知律令，武。年卅二岁，长七尺五寸。觻得成汉里，家去官六百里。"③"功"是计算政绩的名称与单位，一功指四年之劳，"劳"是以每日为计算单位。功劳在秦汉时期大致表现为：军功、事功和出使之功。相反，官员经考核发现不胜其任，包括身体状况不适合则会被免职。居延汉简

---

① 可参见巫嘉欣：《出土简牍上计制度研究》，长沙：湖南大学硕士学位论文，2022年，第21-50页。
② 荆州博物馆编、彭浩主编：《张家山汉墓竹简[三三六号墓]》，北京：文物出版社，2022年，第96页。
③ 简牍整理小组编：《居延汉简(壹)》，台北："中研院"历史语言研究所，2014年，第45页。

231.29有:"贫急,软弱不任职,请斥免,可补者名如牒。"①汉代在对官员的定期考核中,统治者发现官员未能很好履行职责,便以"软弱不胜任"降职。因为不胜任或软弱而被降职贬秩,是对官员的惩罚,也是对同僚的警示。张家山汉简《二年律令》对官吏犯罪的规定小至文书遗漏文字、丢失官印,大到投敌,还包括行贿受贿、鞫狱故不直、狱吏殴打刑徒致死等司法职务行为,到失职渎职,涵盖了社会公务的方方面面。尤其是勾结诸侯、司法渎职等犯罪行为,处罚严厉。

二、雷霆万钧:
秦汉简帛法律文献中的官员犯罪处理

秦汉时期的官吏似乎都有些腐败或渎职,经常抵制国家将其纳入官僚体系、使其专注于公共利益而非个人私利的意图。而政府也注重从守职奉法、清廉等方面监督官员,如果官员有渎职、赃罪或其他犯罪行为,则从重惩罚。

---

① 简牍整理小组编:《居延汉简(叁)》,台北:"中研院"历史语言研究所,2016年,第68页。

岳麓秦简(叁)第六个案例"暨过误失坐官"①(缺8+95+缺9+96+缺10+98-107)详细描述了江陵丞暨因渎职罪被检举告发了八次,而遭到论处的案例,其中详细描述暨犯渎职罪中的八件事情,即"八劾"。简文内容如下:

……暨自言曰:鞫……□□□……□□……暨□……□□……以累论暨。此过误失及坐官也。相遝,累论重。谒谳。【视故狱:……;……;……】权;□溪乡仓天窗容鸟;公士豕田橘将阳,未斥自出,当复田橘,官令戍,录弗得;走偃未当傅,官傅弗得;除销史丹为江陵史,□未定;与从事二十一年库计,劾谬弩百。凡八劾。【某曰:……】□□□,其六月己未劾不傅戍令;其七月丁亥劾笴;其八月癸丑劾非系;其辛未劾窗、豕;其丁丑劾偃;乃十月己酉暨坐丹论一甲;其乙亥劾弩。言决相遝,不累。它如暨言。却曰:不当相遝。

暨言如前。

诘暨:累论有令,何故曰累重?何解?暨曰:不幸过误失,坐官弗得,非敢端犯法令,赴燧以成私也。此以曰累重。无它解。它如前。

问如辞。

鞫之:暨坐八劾:小犯令二,大误一,坐官、小误五。已论一甲,余未论,皆相遝。审。疑暨不当累论。它县论。敢谳之。

吏议:赀暨一甲,勿累。

【……】劾官【……】

---

①朱汉民、陈松长主编:《岳麓书院藏秦简(叁)》,上海:上海辞书出版社,2013年,第145-149页。

过误失,指过失和误失,分别与后文"小犯令"和"大/小误"相应(简105)。①失,失事,即结果失当。"过"与"误"表示导致失事的原因,"过"字似指因不遵守法令即所谓"犯令""废令"而造成的失事;"误"则指写错、数错等技术性错误。"误"又以"失事"之轻重细分为"小误"与"大误"。坐官,公务上的连坐罪。天窗容鸟,指天窗有缝隙或洞,大小足够鸟能进出。傅,指傅籍,是户籍制度的重要一环,男子至一定年龄均须向政府登记户籍名册。"言决相遝(tà),不累",是说在向上级报告判罚时是采用"相遝"的判处方式,没有数罪并罚。却,回绝、驳回。端,故意。赴燧,可能表示前往邪道、从事非法活动之义。将阳,秦律罪名,指擅离岗位、旷工等非法行为。走,供奔走的仆夫差役。

此案例中主要是针对官员暨因违章和疏忽所引起的失误以及职务上的连坐罪的处理,比如□溪乡粮仓的天窗有洞可容鸟;公士豕为橘官种地,却擅离岗位去游逛,在没受到检举前自动投案,应该返回橘官种地,但主管官府命令守边,暨省察时未能察觉;走偃还不应傅籍,主管官府进行傅籍,而暨未能察觉;任命销县史丹为江陵县史,□未定。协办二十一年县库的结账业务,因为错计弩一百张而被举劾。总计有八份举劾书。在秦王政二十一年(前226年)六月己未(十一日),暨因为不传达戍令而被举劾;当年七月丁亥(初九),暨因箭杆被举劾;当年八月癸丑(初六),暨因非法拘禁而被举劾;当月辛未(二十四日),暨因天窗和公士事被举劾;当月丁丑(三十日),暨因偃被举劾;今

---

① 朱汉民、陈松长主编:《岳麓书院藏秦简(叁)》,上海:上海辞书出版社,2013年,第148页。

年(前225年)十月己酉(初三)暨受责于丹的事,判处赀一甲;当月乙亥(二十九日),因弩被举劾。

审理结果如下:"暨要承担如下八次举劾的刑事责任:小违章二次,大失误一次,职务上连坐和小失误共五次。已经判处赀一甲,其他的还没论处,都相互关联。"最终判决意见如下:"将暨处以赀一甲,不要累计论罪。"

本案围绕暨的八项罪行是应"累论"还是"相遝",审理官员产生分歧。在暨被弹劾的八项行政违规行为中,第一、七件为小犯令,其余为误,第八件是大误。暨是职务失误,被判处数罪并罚。而此类失误稍有不慎就会发生,故暨希望减轻处罚申诉,也得到众多官吏的响应。暨先后进行两次上诉,第一次申诉被驳回,第二次申诉以多重处罚中最重的处罚为最终处罚。暨所犯行为均是无意的,因而在处罚中适当减轻也是符合规定的。

另外,提出申诉的暨、参与议罪并支持暨的吏员,虽然主张被驳回,但并没有被追责。为了鼓励吏员参与司法案件的讨论,参与议罪的吏员一般不被追责。

秦时主要是"数罪并罚"和"重罪吸收轻罪"的论处方式,到了汉时主要运用"重罪吸收轻罪"。同时,可见秦时对于官吏职务犯罪的规定是相当严厉的。秦律规定盗窃罪、政治犯罪和逃避徭役的犯罪,家属均要连坐。但如果丈夫有罪,妻子能在事前告发,就可以免受株连。睡虎地秦简《法律答问》170:"夫有罪,妻先告,不收。"①但是家庭中的儿子却没有这种权利,睡虎地秦简《法律答问》104有:"子告父母,臣妾告主,非公室告,勿听。"②儿子告发父母,奴婢告发主人,属于非公室告,告发了也不受理。如果继续告发,告者有罪。

里耶秦简Ⅳ8-1562③记载一例下级殴詈上级的特殊现象:

廿八年七月戊戌朔乙巳,启陵乡赵敢言之:令令启陵捕献鸟,得明渠雌一。以鸟及书属尉史文,令输。文不肯受,即发鸟送书,削去其名,以予小史适。适弗敢受,即詈适。已,又道船中出操楫以走赵,奊訽(xì gòu)詈赵。谒上狱治,当论论。敢言之。令史上见其詈赵。

乙巳,七月八日。献鸟,贡献之鸟。明渠,一种鸟的名字。鸟送书,送鸟的文书。削去其名,除去送鸟人(即文本人)的名字。道,从、由。走,斥责人离开。

秦王嬴政二十八年(前219年)七月八日,迁陵县下属启陵乡负责人赵在发往县廷的文书中提到,迁陵县命令启陵乡捕献鸟,结果捕获一只明渠雌鸟。赵想让令尉史文将文书及鸟送到县廷,文不顺从,两人随之发生了冲突。文不肯接受这一公务,

---

① 睡虎地秦墓竹简整理小组编:《睡虎地秦墓竹简》,北京:文物出版社,1990年,第133页。
② 睡虎地秦墓竹简整理小组编:《睡虎地秦墓竹简》,北京:文物出版社,1990年,第118页。
③ 陈伟主编:《里耶秦简校释·第一卷》,武汉:武汉大学出版社,2012年,第259-260页。

想让小史适代替他前往县廷,然而适不敢前往,文只得亲自前往,故而愤愤不平,从船中操起船桨赶走赵,并詈骂赵。总而言之,尽管文有千般不快,最后还是接下了任务,乘公船走水路前往县廷。对于这种詈骂上级和下级的行为,赵上报给县廷,请求治罪。

尉史文对于上级赵的命令并没有绝对地服从,而是想让下级小史适代替他完成,同时文还敢詈骂赵某。同样,小史适对于文的命令也没有遵从。这反映秦时南郡并不稳定,下级对于上级的依附性并不强,上级的命令对于下级的约束力也比较弱。

长沙五一广场东汉简牍(壹)有"左仓曹史朱宏、刘宫、卒张石、男子刘得本事"一案,简文如下:

> 永元十六年十二月,左仓曹史朱宏、刘宫、卒张石、男子刘得本事(楬2010CWJ1③:186)①
>
> ……
>
> 核正处言,悝叩头死罪死罪,辄收宏及史刘宫,知状,廷门卒张石,髡钳徒何修、王种、李牧、黄勤、屈赦、桓真、傅种、侯宝、廖国、宋珍、张闰、哆右、邓肜、袁歆,完城旦徒周纡、徐凌(木两行2010CWJ1③:182)②、黄达、番建、鬼薪鲁本、节讯宏妻南等,考问,辞皆服。宏、宫各以故吏,宏今年十一月二日,宫其月五日,

① 长沙市文物考古研究所等编:《长沙五一广场东汉简牍(壹)》,上海:中西书局,2018年,第243-244页。
② 长沙市文物考古研究所等编:《长沙五一广场东汉简牍(壹)》,上海:中西书局,2018年,第243页。

各调署视事。石，县民，债代廷门卒□□钱二千，种、凌、勤等前各他（木两行2010CWJ1③：167-1+167-2）[1]等，宏念可酿为酒，遣丸于市，市米一斛，令若炊，为酿酒。酒熟，胡客从宏沽酒一杅，直卅。歓复沽一杅，直卅。后不处日，闰复沽二器，直钱二百。修复沽一器，直钱百。建沽一（木两行2010CWJ1③：198-3）[2]……酒四器，直钱四百。俱持诣宏。宏曰："谁持来者？"修、种、真等曰："持少礼贺新妇入寺舍也。"宏曰："可"。即呼勤、牧、种、真、纤、国、修从作所，归曹中，置肉案上，顷资写酒置杅中，以（木两行2010CWJ1③：137）[3]……酒杯拘赐勤、种、真、纤、国等各二杯，所宫从□还，宏呼宫，宫即前与宏俱坐，修拘酒饮宫二杯，门下复传，宫即起应传，遂不复还。宏遣真、种、勤等还作所，复令修呼傅种（木两行2010CWJ1③：177）[4]……凌、赦、珍、宝到，赐酒各二杯，遣还作上余酒肉皆以自给。其月不处日，宏令丸市牛肉五斤，斤直钱十七；魿三斤，直钱卅；胃三斤，直卅；胡果一斗，直十五；葱五把，直十五；生（木两行2010CWJ1③：198-7）[5]……卅七，宫二千一百，发觉，考问，辞具服，与修、若、丸等辞合验，即修、若、丸等证。

---

[1] 长沙市文物考古研究所等编：《长沙五一广场东汉简牍（壹）》，上海：中西书局，2018年，第240页。
[2] 长沙市文物考古研究所等编：《长沙五一广场东汉简牍（壹）》，上海：中西书局，2018年，第247页。
[3] 长沙市文物考古研究所等编：《长沙五一广场东汉简牍（壹）》，上海：中西书局，2018年，第233页。
[4] 长沙市文物考古研究所等编：《长沙五一广场东汉简牍（壹）》，上海：中西书局，2018年，第242页。
[5] 长沙市文物考古研究所等编：《长沙五一广场东汉简牍（壹）》，上海：中西书局，2018年，第248页。

案宏、宫蒙恩在职，不思竭力尽忠，洒心自守，知诏书不得糜谷作酒，公教南酿酒，至令（木两行2010CWJ1③：199-1）①修、种、国等相赋敛，沽酒受赇请，相与群饮食，山徒取其钱，令丸、达私市肉、胃、盐、豉，皆不雇直。知若无任徒，宽缓令为养，私使炊酿，便处徒所，不当得为。宏、宫吏（木两行2010CWJ1③：195）②盗贼受所监，臧皆二百五十以上，宏、石糜谷作酒，宫俱饮。宏沽得钱三百七十，石得钱六百，宏、宫不承用诏书不敬数罪，石以律罚金八两，男子刘得与官相知，无故入官寺（木两行2010CWJ1③：199-2）③留，再宿，干乱吏治，罚金四两，两直钱六百廿五，石并五千，得二千五百，属金曹收责簿入。十二月时达随供未还，不问，宏、宫所山省徒钱掾刘仙自实核未竟，唯（木两行2010CWJ1③：198-2）④从掾位悝言。考实仓曹史朱宏、刘宫臧罪竟。解书　十二月七日到。（木两行2010CWJ1③：198-4）⑤

案件发生时间：永元十六年（104年）十一月二日至永元十六年十二月七日之间。

---

① 长沙市文物考古研究所等编：《长沙五一广场东汉简牍（壹）》，上海：中西书局，2018年，第249页。
② 长沙市文物考古研究所等编：《长沙五一广场东汉简牍（壹）》，上海：中西书局，2018年，第246页。
③ 长沙市文物考古研究所等编：《长沙五一广场东汉简牍（壹）》，上海：中西书局，2018年，第250页。
④ 长沙市文物考古研究所等编：《长沙五一广场东汉简牍（壹）》，上海：中西书局，2018年，第247页。
⑤ 长沙市文物考古研究所等编：《长沙五一广场东汉简牍（壹）》，上海：中西书局，2018年，第247页。

涉案人员包括：左仓曹史（管理仓库的小官）朱宏、刘宫；廷门卒张石、髡钳徒何修、王种、李牧、黄勤、屈赦、桓真、傅种、侯宝、廖国、宋珍、张闰、哆右、邓肜、袁歆；完城旦徒周纡、徐凌、黄达、番建；鬼薪鲁本、朱宏的妻子南等。

本案主要被告人：左仓曹史朱宏、刘宫。

起诉罪名：朱宏、刘宫浪费粮食酿酒、受贿、购买物品不支付应有的价值、用诏书不敬、无人为刑徒担保等罪。

案件的主要经过：朱宏、刘宫分别于永元十六年十一月二日和十一月五日以故吏的身份调任左仓曹史的职务。张石是本县居民，因为债务问题而作为廷门卒。……朱宏派丸去市场买米一斛，让若来酿酒，酒做好后就售卖给袁歆、张闰、何修等人。其后某一天，何修、傅种、桓真等人买酒后到朱宏的官府中，以"贺新妇入寺舍"的名义与朱宏一起饮酒。刘宫从外面回来，也加入了宴席。刘宫饮了两杯之后，因事外出，没有再回来。朱宏让黄勤、傅种、桓真返回作所，命令何修召傅种、徐凌等人饮酒。十一月某日，朱宏令丸购买牛肉、胡果等物品，但都没有给钱。……卖酒赃款，刘宫得到两千一百钱。掾位悝调查了这个案件，除了朱宏、刘宫不承认用诏书不敬的罪名之外，其他都招供了。

判决：张石罚金八两、刘得罚金四两。朱宏、刘宫坐实犯了贪污罪。

此案中朱宏、刘宫都是犯滥用职权罪，朱宏让手下买米酿酒一起饮酒，还让手下买牛肉、水果，但自己没有掏钱。刘宫参与其中,且分得手下卖酒钱。此案是典型的职务犯罪,利用职权指使手下,且从中谋利,主要是经济犯罪。

职务犯罪的行为特征是其渎职性,而渎职的一个重要方面就是对职责的玩忽与废弃。公职人员玩忽与废弃职责,严重地影响着国家行政管理活动的有效进行。汉简所及职务罪罪名,多与公职人员不能恪尽职守有关。①由此可见,汉代职务罪罪名设置的一个重要目的,是为封建国家的行政有效性提供法律上的有力保障。汉代法律在公职人员的任用、考核、奖惩方面规定了严格的制度,称职是对公务人员的基本要求。严重不称职的官吏,要受到法律的惩处,汉代政府主要采取行政方式及轻微刑事处罚的方式进行处理。如《居延汉简》118.5"不宜其官,以令换为橐他石南亭长"②,就是将没有能力从事现任工作的官吏调到合适的位置。《居延新简》EPT68.6有:"七月壬辰除,署第十部士吏。冯匡软弱不任吏职,以令斥免。"③即将不称职者免职。《居延新简》EPT57.1有:"期会,皆坐办其官事不办,论罚金各四两,直二千五百。"对于消极不作为的官吏处以罚金。

2010年6—8月,长沙市文物考古研究所为配合长沙市地铁二号线建设,于五一广场站地下水管改迁施工中,在编号为1号窖内出土了一批东汉简牍,数量有万枚左右。简牍中有大量与

---

①胡仁智:《由简牍文书看汉代职务罪规定》,《法商研究》2001年第3期,第138-139页。
②简牍整理小组编:《居延汉简(贰)》,台北:"中研院"历史语言研究所,2015年,第32页。
③张德芳、韩华著:《居延新简集释(六)》,兰州:甘肃文化出版社,2016年,第68页。

司法有关的内容,涉及刑事、民事、诉讼等。①其中,长沙五一广场东汉木牍CWJ1③:169记录一起待事掾王纯治安案情报告,这是关于官员因公而人身安全受到威胁的案例。②

待事掾王纯叩头死罪白。男子黄俹前贼杀男子左建,亡。与杀人宿命贼郭幽等俱强盗女子王绥牛,发觉。纯逐捕俹、幽,俹、幽不就捕,各拔刀、戟、矛,与纯相刺击,纯格杀俹、幽。到今年二月不处日,纯使之醴陵追逐故市亭长庆睦,不在。俹同产兄宗、宗弟禹将二男子不处姓名,各操兵之纯门,伺候纯。三月不处日,宗、禹复之纯门。今月十三日,禹于纯对门李平舍欲徼杀纯。平于道中告语纯,纯使弟子便归家取刀矛自救。禹度平后落去。俹、禹仇怨奉公,纯孤单,妻子赢弱,恐为宗、禹所贼害。唯明廷裁省严部吏考实宗、禹与二男子,谋议刑执。纯愚戆惶恐,叩头死罪死罪。今为言,今白。四月廿二日白。

宿命贼,指有前科的惯犯。不就捕,拒捕。格杀,格斗击杀。不处日,即"不审日",某一天。

待事掾王纯是此件文书的责任人,也是本案的主要被害人。他报告县廷:男子黄俹故意杀害男子左建后逃亡,逃亡后又与杀人惯犯郭幽等狼狈为奸,合伙抢劫了女子王绥的牛,结果被人发现。案发后县廷派王纯前往追捕黄俹、郭幽,但此二

---

① 长沙市文物考古研究所编:《湖南长沙五一广场东汉简牍发掘简报》,《文物》2013年第6期,第4—25页。
② 长沙市文物考古研究所等编:《长沙五一广场东汉简牍(壹)》,上海:中西书局,2018年,第240—241页。

人不仅拒捕,而且还持刀、戟等与王纯等人对打,最终被王纯击毙。黄俐、郭幽被击毙后,引起死者家属不满,即本案发生的诱因。到今年二月某日,王纯到醴陵出差,前往拘捕前任市亭的亭长庆睦,因而不在供职地。此时黄俐的兄长黄宗、弟弟黄禹伙同两个不知名的男子,各自携带武器,在王纯家门口守候,伺机报复,因王纯不在家而扑空。同年三月某日,黄宗、黄禹再次来到王纯家门,王纯或因出差未归,黄宗等人仍然扑空,但他们并不死心。四月十三日,黄禹等守在王纯对门邻居李平家附近,企图在路上遮杀王纯,结果被李平发现。李平在王纯回家的路上向他报告相关情况。王纯知情后立即让家人回家拿来刀、矛等藉以自救,防备黄禹等人的袭击。黄禹考虑到李平回来时间过晚,担心李平已经将自己前来复仇的事情告诉了王纯,便离开了。但黄俐、黄禹从此怀恨在心,结下仇怨。事情虽然暂时过去了,但王纯心中不安,害怕还会遭到报复,于是撰文表白自己已经尽力奉公,但王纯势单力薄,妻、儿羸弱,恐怕为黄宗、黄禹所暗杀。因此希望县廷仔细考察,安排官吏追查宗、禹与其他二男子,分析案情商量解决办法,以排除后患。至于县廷的安排简文中没有体现。从此案看见,当时社会治安不好,政府公信度不足,缺乏权威,以致罪犯家属敢于挑战秉公执法的官员,对王纯构成了严重威胁,王纯一家惶惶不可终日。[①]因此,政府相应地采取严密的防护措施来保护官员,同时加大对罪犯的打击力度。

---

① 此木牍相关研究可参:李均明:《东汉木牍所见一桩未遂报复案》,《简牍学研究》第五辑,兰州:甘肃人民出版社,2014年,第111-115页;王子今:《长沙五一广场出土待事掾王纯白事木牍考议》,《简帛》第九辑,上海:上海古籍出版社,2014年,第293-300页。

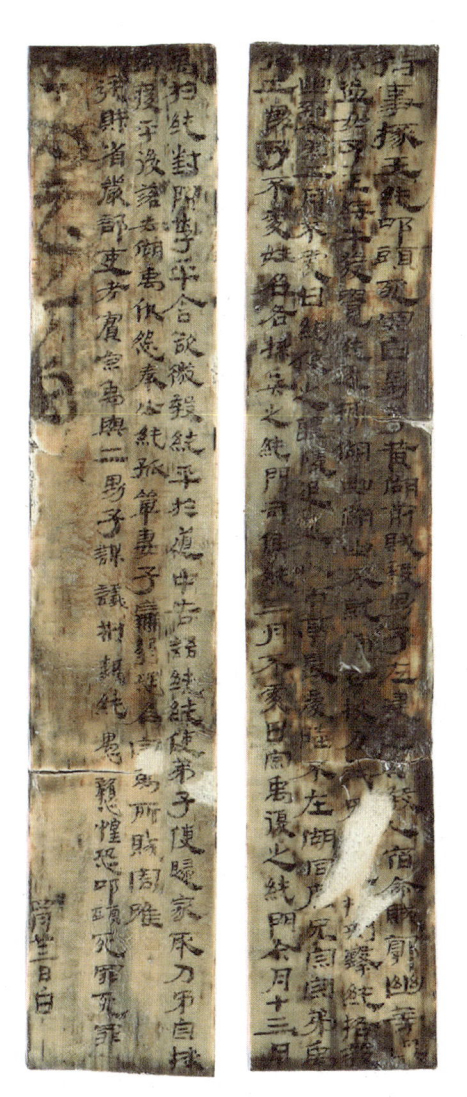

> 图4-2-1　长沙五一广场东汉木牍CWJ1③：169[1]

---

[1] 引自《文物》2013年第6期，第16页图一八，另见《长沙五一广场东汉简牍选释》第47页。

第五编

以人为本

简帛法制文书的人文精神

一、天地可鉴：
简帛契约考察

契约，又称券书，即今之合同，是当事人设立、变更、终止民事关系的协议。西周中期的铜器铭文是有史可考的最早契约。契约材料有金文、简帛、石刻、敦煌文书、吐鲁番文书、黑水城文书、徽州文书等，而契约种类有买卖、典租、借贷、雇佣等。

1975年2月，陕西岐山南麓古周原遗址范围内的董家村，发现了一处周代的青铜器窖藏。窖内出土了从穆王到宣王不同时期的青铜器37件。其中恭王时裘卫制作的两件鼎、一件盉、一件簋，被称为"裘卫四器"，是研究恭王时代铜器不可多得的标准器。"裘卫四器"中三年裘卫盉涉及土地转让，是一份土地交易契约。

唯三年三月既生魄壬寅，王偁旂于丰。矩伯庶人取瑾璋于裘卫，财八十朋，厥贾，其舍田十田。矩又取赤琥两、麂韨（yǐ fú）两，贲鞈（gé）一，财廿朋。其舍田三田。

裘卫乃彘告于伯邑父、荣伯、定伯、𤔲伯、单伯，伯邑父、荣伯、定伯、𤔲伯、单伯乃令三有司——司土微邑、司马单𬀩、司工邑人服，逮受田：𪘓赹，卫小子𨛳，逆诸其飨。卫用作朕文考惠孟宝盘，卫其万年永宝用。

铭文大意是：三年三月既生魄壬寅这天，王在丰邑举行建旗大礼。矩伯庶人在裘卫那里取了朝觐用的玉璋，作价贝八十朋，折合土地价值一千亩。矩又取了两个赤色琥，两件鹿皮披肩和一件杂色的围裙，作价贝二十朋，折合土地价值三十亩。裘卫向伯邑父、荣伯、定伯、𤔲(liàng)伯、单伯等执政大臣陈述了双方的交易条件，伯邑父等诸位大臣就命令了三个职官：司徒微邑、司马单𬀩(yū)、司工邑人服，到场交付田地。作为接待者的𪘓赹(bīn bū)、裘卫的办事人员𨛳(chǐ)大宴宾客。裘卫因此铸造了祭祀父亲惠孟的宝盘，并将一万年都永远珍藏使用。矩伯庶人想从裘卫那里得到一些贵重物品，就用土地来交换，尽管是以物易田，但实际上是土地买卖行为。当然土地转让必须经周王或主管人员同意，周王在法律上是土地的拥有者，贵族有使用权。[1]

---

[1] 刘传宾：《西周青铜器铭文土地转让研究》，长春：吉林大学硕士学位论文，2007年，第58页。

> 图5-1-1 三年裘卫盉[①]

目前简牍材料中的券书常见于买卖交易、借贷债务、抵押典当、罚款赔偿及租税徭役等经济活动,另外遗产争讼或其他财产争讼也须以券书为凭。与民间相比,官府更注重买卖交易的公开性,券书签订流程极为严格。民间借贷、官府间债务均有相应券书,官府常将其作为日后诉讼评判的重要依据。

官方之间的契约签订比较正式而且复杂。除了登记交易钱数以及写好券书等必备环节外,还需入缿、加印、持券、案验等。岳麓书院藏秦简《田律》《金布律》和张家山汉简《金布律》均有相关记载。现以岳麓秦简(肆)《金布律》121-123[②]为例说明。

《金布律》曰:官府为作务市受钱,及受赍、租、质、它稍入

[①] 拓片引自《文物》1976年第5期,第37页图一四。
[②] 陈松长主编:《岳麓书院藏秦简(肆)》,上海:上海辞书出版社,2015年,第108页。

钱,皆官为缿,谨为缿孔,须毋令钱能出,以令若丞印封缿而入,与入钱者叁辨券之,辄入钱缿中,令入钱者见其入。月壹输缿钱,及上券中辨其县廷,月未尽而缿盈者,辄输之,不如律,赀一甲。

作务市,即手工业贸易。缿(xiàng),是一种易入难出的受钱器,亦叫"扑满",多为陶制。入缿,主要是为了防止因工作疏漏而导致金钱遗失。而令、丞封印,三方挟券,表明交易活动具有一定的公开性。交易中,令、丞等均当知晓,与民间仅买卖双方及中间人参与活动有所不同。

简文大意为:官府经营手工业、进行市场交易所得及接受他人赠送的钱、出租得到的钱、官府为牛马、奴婢等大型交易征收的税钱以及其他少量多次的金钱收入,都要使用官制盛钱容器钱缿来存放。容器上面的孔,大小只能放钱而不能拿出钱。容器外用令或丞的印封好,用叁辨券(即三联单)的形式制作契券,并拿出一份券书给予收钱者,然后将钱放入容器,收钱者监督存放过程。每个月向县廷上缴钱缿的叁辨券的中券,如果一个月还未到而钱缿已经装满,则要立即向县廷上缴钱,不按律令规定办事的罚一甲。

券书,就是将长条形的简,剖分为左右两半,有些分作左、中、右三部分。一式分成左、中、右三份的叁辨券为秦汉契券形式之一。秦代地方郡县叁辨券的左券即应在当事人之手,右和中券应分别在乡啬夫、令史或其他主管其事的官吏手上,最后由主管吏将中辨券上呈,藏于县廷。汉代则相反,右券在当事人,中、左券则在官府之手;如果是两辨券,左在官,右券交当事人。①在云梦睡虎地77号汉简中券书的名目,有入券、出券、校券和付券四种,用途各异。其中出券、入券都是一式三份,同时提交给县廷和仓,中辨券提交给县廷,右券移送给仓,而乡一级自己留存一份左券。属于"叁辨券",校券、付券提交给县廷或仓,加上乡一级自己留存的,大概均是一式两份。②叁辨券的制作方法大致如下:首先将木材加工成可以切割成三片的、具有足够厚度的木条,然后将其切割为正面、中间、反面三片,但下端不切割到底,正面和背面的记录完成后刻入刻齿,再将剩余部分切割到底。中间的一片一面削平,誊写好简文即可完成。

湖南省益阳兔子山六号井出土一件东汉献帝建安十九年(214年)出入米券,一式三份,内容除牍首一字有"出"和"入"之别,其余文字全同,应是三(叁)辨券实物,其中左侧两半之间已完全剖开,中右二半之间只剖到一半,要断而未全断。此券牍文字分上中下三栏,即三联单。

  入 掾胡盛平斛品米三斛五斗二升六合 建安十九年二月二日付仓嗇夫文 熊受

  入 掾胡盛平斛品米三斛五斗二升六合 建安十九年二月二日付仓嗇夫文 熊受

  出 掾胡盛平斛品米三斛五斗二升六合 建安十九年二月

---

①邢义田:《再论三辨券——读岳麓书院藏秦简札记之四》,《简帛》第十四辑,上海:上海古籍出版社,2017年,第33页。
②陈伟、熊北生:《睡虎地汉简中的券与相关文书》,《文物》2019年第12期,第60页。

二日付仓啬夫文　熊受

此券是由交米的掾胡盛将米交给仓啬夫文,实际经手人是熊,熊从胡盛手里接到米,再转交给文。

> 图5-1-2　益阳兔子山六号井出土叁辨券[1]

为了防止日后发生纠纷,券书有时在简牍中央写一个大大的"同"字,"同"的意思就是左右两券,文字是相同的。有时用

---

[1] 胡平生:《趣味简帛学3:简帛上的法治案件》,上海:中国中福会出版社,2017年,第40页。

"同文"二字表示左右两半的券书的文字完全相同。而长沙走马楼三国吴简中有一种大木简,是由杉木制成的,长达50厘米左右,宽4~5厘米,自称"莂",这是可以分为多份的合同券书。

> 图5-1-3-1 同,居延汉简 89.21(西汉中期)[①]

> 图5-1-3-2 同文,《长沙东牌楼东汉简牍》1022背[②]

里耶秦简校券(提供校对的契券)详细地记录了钱、粮食或

[①] 简牍整理小组编:《居延汉简(壹)》,台北:"中研院"历史语言研究所,2014年,第263页。
[②] 长沙市文物考古研究所等编:《长沙东牌楼东汉简牍》,北京:文物出版社,2006年,第40页。

物品入库、出库的数量,年月日,交付人及收受人。在简的左右侧刻有与简文中的数量相合的刻齿,即为刻齿简。不同的刻齿形态表示不同的数字,如用 ——、——、——、——、——、—— 符号分别表示"一、十、百、千、万",用 —— 表示一石,用 —— 表示一斗,"/"表示一足一升或一斗的斗升半斗、少斗升和少半斗,用"//"表示"泰半(多半)"升或斗。刻齿中表示"万""千""百"的形态明确清晰,容易识别。而表示"十"的刻齿形状略显复杂。一般来说,一道刻痕从简侧面垂直刻入,另一道刻痕则由上至下倾斜刻入。使用刻刀的角度应没有规定。"石""斗""升"这些不同单位的数值在同一简中出现时,通过加大"石"和"斗"以及"斗"和"升"刻齿之间的间隔并以刻齿的深浅来区别。具体地说,表示"石"的刻齿既深且较宽,表示"斗"和"升"的刻齿则都刻得既细且浅。表示"斗"和"升"的刻齿刻到简上时,下刀的角度也是不同的。[①]

图 5-1-4 即是里耶秦简中的两枚简,简文分别是"四万九千四百六十九"(8-818)、"卅八石九斗四升泰"(8-1205),分别在右侧与左侧刻齿。

[①] 张春龙、[日]大川俊隆、[日]籾山明:《里耶秦简刻齿简研究——兼论岳麓秦简〈数〉中的未解读简》,《文物》2015年第3期,第54页。

> 图5-1-4　里耶秦简8-818、8-1205①

  1993年2月,江苏省连云港市博物馆和东海县博物馆考古工作者在东海县温泉镇尹湾村尹湾汉墓M6出土简133枚,木牍23件,其中有一方木牍(YM6D10反),是西汉元延元年(前12年)东少郡师君兄贷钱券,②内容是"元延元年三月十六日,师君兄贷师子夏钱八万,约五月尽。所子夏若□卿奴□□□□□□□丞□,时见者:师大孟、季子叔"。意指元延元年(前12年)

---

① 图版引自《文物》2015年第3期,第57页图一:4、第58页图二:1。
② 连云港市博物馆等编:《尹湾汉墓简牍》,北京:中华书局,1997年,第127页。

174 三月十六日，师君兄向师子夏借钱八万，约定到五月末还钱。……见证人是师大孟、季子叔。

> 图 5-1-5　尹湾汉墓木牍 YM6D10 反①

1973年9月中旬至11月中旬，长江流域规划办公室考古队举办了第二期文物考古工作人员训练班，在湖北江陵楚故都纪南城内进行田野考古发掘的实习，发掘了九座西汉早期的土坑木椁墓，在江陵凤凰山8号、9号、10号、167号、168号汉墓出土发现了一批记载西汉早期的赋税、徭役、借贷、商业等有关经济方面的竹简、木牍、衡杆文字和木楬。其中十号墓三号木牍正面为题名，背面为约文内容。

①引自《尹湾汉墓简牍》第22页。

第五编 以人为本：简帛法制文书的人文精神

中朋供侍约（2正）

□年三月辛卯，中朋朋长张伯、石晁、秦仲、陈伯等七人相与为朋约。入朋钱二百。约二：会钱备，不备勿与同朋。即朋，直行共侍，非前谒。病不行者，罚日卅。毋人者庸贾。器物不具，物责十钱。共事已，器物毁伤之及亡，朋共负之。非其器物擅取之，罚百钱。朋吏令会，不会会日，罚五十。会而计不具者，罚比不会。为朋吏余器物及人。朋吏李仲。【2反】

中朋是一个经济组织。共侍，供应储积。约二，两条约定。会钱备，指在规定的日期内将钱足额备好。会，指在规定的时间报到。

此木牍的意思是在景帝□年三月辛卯日，中朋朋长张伯、石晁、秦仲、陈伯等七人在一起共同订立契约。每人交朋钱二百。约定条款有二：在规定的日期报到时必须备好钱，未准备好钱的人，不与他合伙同朋。如果成朋，直接提供储备物资。没有事先请假或因病不能参加者，每天罚三十钱。如果家中没有适当的劳动力参加，可以雇人参加。如果没有自备器具，每一件罚十钱。提供储备物资结束后，器具若有损坏以及丢失的，由朋共同赔偿。如果不是自己带来的器具而擅自据为己有，罚钱一百。朋吏命令前来报告，却不按指定时间来报告，罚钱五十。虽然前来报告但未准备好相关计簿，按不如期报告罚钱。作为朋吏，职责是管理器物与人员。此契约由四部分组成：一是标题，二是立约时间、立约人及交纳合伙金，三是约定两项条款，四是李仲作为该组织的管理官员,见证了此约的订立。这是一份西汉景帝初年江陵西乡七名版长为承担官府徭役则结为合伙人而产生的约定。

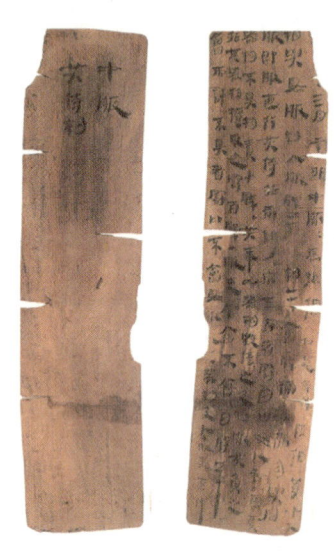

> 图5-1-6　凤凰山10号墓牍3正、背面彩版①

1966—1969年,新疆维吾尔自治区博物馆在吐鲁番县(今吐鲁番市)阿斯塔那哈拉和卓古墓群53号晋墓中发现一枚木简,正面2行,背面1行,是西晋晋武帝司马炎泰始九年(273年)高昌翟姜女买棺契约(66TAM53:9)。②内容为:"䘚泰始九年二月九日,大女翟姜女从男子栾奴(正面),买棺一口,贾(价)练廿匹。练即毕,棺即过。若有人名棺者,约当召栾奴共了。旁人马卑,共知本约(背面)。"其中,䘚是券书的合同符号,为"同文"

---

①引自彭浩主编:《凤凰山汉墓简牍》,武汉:湖北美术出版社,2002年,第4-5页。
②新疆维吾尔自治区博物馆:《吐鲁番县阿斯塔那——哈拉和卓古墓群清理简报》,《文物》1972年第1期,第8-29页。

二字的右半,是为右券,由出物人保存,即出卖棺木的栾奴保存。大女,即成年女子。练,指白色熟绢。名棺,即认棺之所有者。若有人名棺者,亦即假如有人自认该棺为其所有。

简文意思是:在泰始九年二月九日,大女翟姜女从男子栾奴处买一口棺木,价格为二十匹白绢。翟姜将白绢交给栾奴,栾奴则将棺木交给翟姜(一手交钱,一手交货)。如果有人私自占有棺木,就会召集栾奴一起了结此事。见证人马卑,共同见证本契约。由此契券可知,翟姜女作为一方当事人,与男子栾奴订立了一份买棺契券。妇女独自立契的现象在中国古代是颇为罕见的,主要是由于历史、民族和地域的多种因素,北方少数民族的妇女地位相对较高。

1985年前后,扬州博物馆为配合仪征化纤联合工业公司基建工程,在江苏扬州仪征县(今仪征市)清理了一百余座古墓葬,其中在原胥浦公社佐安大队姜村生产队发掘的101号墓为西汉元始五年(5年)纪年墓,墓内出土了一批竹简、木牍、木觚等,按文字内容可分为先令券书、何贺山钱、赙赠记录与衣物券。其中汉平帝元始五年先令券书出土于甲棺内,写在16枚竹简上,共272字,是一份遗嘱。[①]

元始五年九月壬辰朔辛丑,今高都【1】里朱凌,庐居新安里。甚病其死,故请县【5】乡三老、都乡有秩、佐,里师田谭等【3】,为先令券书。

凌自言:有三父,子男、女【2】六人,皆不同父。欲令子各知

[①] 扬州博物馆:《江苏仪征胥浦101西汉墓》,《文物》1987年第1期,第1—13页。

其父家次:子女以【6】君、子真、子方、偑君,父为朱孙;弟公文,父【4】吴衰近君;女弟弱君,父曲阿病长宾【10】。先令券书明白,可以从事【7】。

姬言:公文年十五去家自出为姓,遂居外,未尝【16】持一钱来归。姬予子真、子方自为产业。子女偑君【9】、弱君等贫无产业。五年四月十日,姬以稻田一处、桑【11】田二处分予弱君;陂田一处分予偑君。于至十二月【12】,公文伤人为徒,贫无产业。于至十二月十一日,偑君、弱君【15】各归田于姬,让予公文。姬即受田,以田分予公文:稻田二处【14】,桑田二处,田界场如故。公文不得移卖田予他人。时任【13】知者:里师、伍人谭等,及亲属孔聚、田文、满真。【8】①

庐居,寄居。甚病其死,病重将死。里师,指乡里的教书先生,是朱凌的邻居。家次,家庭的尊卑顺次、等次。陂田,是人工开辟的、可以养鱼及种植水稻及水生作物的水田。易,疆界。移卖,转卖。任者指保人;知者指知见者,即中人。

本件券书主要提到在元始五年(5年)九月十日这一天,新

---

①本件券书的文字释读和内容研究可参:(1)陈平、王勤金:《仪征胥浦101号西汉墓〈先令券书〉初考》,《文物》1987年第1期,第20-25、36页。(2)陈平:《仪征胥浦〈先令券书〉续考》,《考古与文物》1992年第2期,第84-92、83页。(3)陈平:《再谈胥浦〈先令券书〉中的几个问题》,《文物》1992年第9期,第52-65页。(4)张伯元:《"先令券书"简解析》,《出土法律文献研究》,北京:商务印书馆,2005年,第190-196页。(5)李解民:《扬州仪征胥浦简书新考》,长沙市文物考古研究所编:《长沙三国吴简暨百年来简帛发现与研究国际学术研讨会论文集》,北京:中华书局,2005年,454-455页。(6)陈荣杰、张显成:《仪征胥浦〈先令券书〉再考》,《文献》2012年第2期,第26-29页。

安里居民朱凌,病得很严重,即将辞世,因此特地请来县、乡的三老、本乡的负责人以及里的主管田谭等,写下这份遗嘱。朱凌与三任丈夫共有六个子女,女儿以君、俱君,儿子子真、子方的父亲是朱孙;公文的父亲是吴县的衷近君;女儿弱君的父亲是曲阿县的病长宾。现在给子女们交代清楚,让子女们知道自己的父亲以及在家庭中的尊卑地位。

但是朱凌并未病故,而是转危为安。三个月之后,又立了另一个遗嘱,简文先记述了妪以往给子女分配产业的情况。第一次家产分配时间未知,主要是朱凌先分给朱孙两位儿子子真、子方一部分产业,让二人自立门户。而公文由于在十五岁后就与家里断绝经济上的联系,一直住在外边,也从来没有拿回家一文钱,因而没有分得家产。元始五年(5年)四月十日,次女俱君、三女儿弱君等,虽已出嫁,但贫穷没有产业,因此,朱凌做了第二次家产分配,将稻田一处、桑田二处分给弱君,稻田一处分给俱君。到十二月某一天,公文因打架斗殴伤了人被判刑,贫穷没有产业。为了帮助公文,十二月十一日,两位姐姐俱君、弱君各人主动将当年四月十日分得的田地归还给母亲。朱凌接收了她们归还的田地,再把田地转让给公文,包括稻田二处、桑田二处,田地边界还和从前一样,但公文不得将田地转卖他人。

从中可见,家产分配主要是在妪(朱凌)的主持下进行的,她拥有相当大的自主权,先后三次将田地分配给自己的儿女。需要指出的是,儿女们对所分得的土地没有永久所有权,不能进行买卖或转让。还需要指出的是,在家产分配过程中,以君始终没有出场,而以君正是朱凌的女儿、朱孙的长女,她是户主唯一的同居子女,是朱凌家产的继承人。当时制作先令券书时,乡部啬夫必须亲自参与,券书一分为三,以后出现遗产纠纷,以券书为凭。而朱凌在自己病重期间,请来县乡三老、都乡有秩、佐、里师田谭等,同时作为见证人的还有亲属孔聚、田文、满真。

7　10　4　6　2　3　5　1

第五编 以人为本:简帛法制文书的人文精神

181

8　13　14　15　12　11　9　16
> 图5-1-7　先令券书①

顺便说一下,秦律规定伤人发须就是伤人身体,必须严惩。这是当时人们认为发须是人身体精华所在的观念体现,也是秦

---

① 引自宋镇豪主编:《中国法书全集1·先秦秦汉》第217—218页。

国法律在法典化过程中吸收原始习惯规范的例证之一。睡虎地秦简《法律答问》81-82、84有:"或与人斗,缚而尽拔其须眉,论何殹(也)? 当完城旦。拔人发,大何如为'提'? 知以上为'提'。士伍甲斗,拔剑伐,斩人发结,何论? 当完为城旦。"①

二、亲情如水,和为贵: 简帛中的亲属争夺财产案

2010年6月至8月,为配合兰新铁路第二双线(甘肃段)新改线路建设工程,南京师范大学文博系受甘肃省文物考古研究所委托,对位于甘肃省张掖市临泽县城西南约4.5千米处的黄家湾滩墓群进行了考古发掘,共发掘汉至西晋时期戈壁洞室墓90座,其中在编号为M23的墓葬中发现保存较为完好的木质简牍一批。该批简牍共计27枚,编号为M23:31-1至27,计900余字,是西晋晚期建兴元年(313年)张掖郡临泽县地方政府对一起争讼田产的民事纠纷案件的审理记录。②具体简文如下:

---

① 曹旅宁:《秦律新探》,北京:中国社会科学出版社,2002年,第219页。
② 甘肃省文物考古研究所、南京师范大学、复旦大学文物与博物馆学系:《临泽黄家湾滩汉晋墓发掘报告》,北京:文物出版社,2023年,第207-218页。

十二月四日，故郡吏孙香对：薄佑九岁丧父母，为祖母见养。年十七，祖丧亡，香单弱，嘱从兄发、金龙俱寓居城西旧坞，以坞西田借发、金龙耕佃。发、金龙自有旧坞在城北，金龙中自还居城北，发住未去。发有旧田坞卖与同县民苏腾，今因名香所借田。祖母存时与买，无遗令及讬子侄券书以田与发之文。祖父母存时为香父及叔季分异，各有券书，发父兄弟分得城北田坞二处。今自凭儿子强盛，侮香单弱，辞诬祖母，欲见侵夺。乞共发、金龙对共校尽。若不如辞，占具装二具入官。对具。

十二月六日，老民孙发对：被召当与从庶弟香了所居坞田。亡父同产兄弟三人，庶叔三人共同居同籍，皆未分异。荒毁之中，俱皆亡没，唯祖母存在，为发等分异。弟金龙继从伯得城北坞田，发当与香共中分城西坞田。祖母以香年小，乍胜田，二分，以发所得田分少，割金龙田六十亩益发，坞与香中分。临稟坞各别开门，居山作坝塘，种桑榆杏椋。今皆茂盛，论列黄籍，从来卅余年。今香横见诬言，云发借田寄居，欲死诬生，造作无端。事可推校，若不如对，占人马具装入官。对具。到，立下重自了，里令分割。

十二月七日，民孙金龙对：被召当了庶从弟香所争田。更遭荒破，父母亡没。唯有祖母存在，分异，以金龙继养亡从伯后，得城北田，祖母割金龙田六十亩益发，分居以来卅余年。今香、发诤，非金龙所知。有从叔丞可问。若不如对，占人马具装入官，对具。

建兴元年十二月壬寅朔十一日壬子，临泽令髦移孙司马：民孙香、孙发、孙金龙兄弟共诤田财，诣官纷云，以司马为证，写辞在右。司马是宗长,足当知尽,移达,具列香兄弟部分券书,会月十五日,须得断决,如律令。

建兴元年十二月壬寅十五日丙辰,户民孙丞敢言之:临泽廷移壬子书:"民孙香、孙发讼田,丞是宗长,足知尽。"香、发早各自有田分。香父兄弟三人孙蒙、孙弘、孙翅,皆已亡没。今为平决,使香自继其父蒙。祖母存时命发息为弘后,无券,香所不知。翅独无嗣,今割香、发田各卌亩及坞舍分,命亲属一人以为翅嗣。平决已了,请曹理遣。敢言之。

户曹掾史王匡、董惠白:民孙香、孙发、孙金龙共诤田坞,相诬冒,求问从叔丞,移丞列正,今丞移报:"香、发早自有田分。香父兄弟三人,孙蒙、孙翅、孙弘皆亡没。今为平决,使香自继其父蒙。祖母存时命发息为弘后,无券书,香不知。翅无嗣,今割香、发田各卌亩及坞舍分,命亲属一人为翅继。"香、发占对如丞所断,为了。香、发兄弟不和,还相诬言,不从分理,诣官纷云,兴长讼,诉求官法。请事诺,罚香、发鞭杖各百五十,适行事一月,听如丞。移使香、发入出田卌亩及坞舍分与继者。又金龙未相争,田为香所认,前已罚卌,差不坐。谨启如前。□□教诺:田钱十□,但五十鞭断□□。如□□□□不出□□□钱十□□

简文的意思是:建兴元年(223年)十二月四日,前郡吏孙香诉称:"我不幸九岁父母去世,祖母抚养了我。十七岁那年祖母去世,我弱小无依靠,当时和从兄孙发、孙金龙一起寄居在城西旧坞中。我将坞西的田地借给孙发、孙金龙耕种。孙发、孙金龙本来在城北有旧坞,孙金龙后来回到城北居住,孙发仍住在城西坞中没有离开。孙发将自己城北的旧田坞卖给了同县居民苏腾,现在称我借给他耕种的城西田地,是祖母在世时为他购买,但祖母并没有遗嘱或是给子侄的券书称将城西田地分给孙发。祖母在世时替我父亲和他的弟弟们分家,都有券书存在,孙发的父亲分得城北田坞两处。现在孙发凭着子女众多,欺侮我势力单薄无依靠,以言辞诬改祖母的意旨,想侵夺我的田地。我请求和孙发、孙金龙对质,一起核清事实。如果事实和我上述陈述不一致,我愿意以一套马具和铠甲入官作为惩罚。陈述完毕。"

建兴元年(223年)十二月六日,老民孙发对质道:"我要与从庶弟孙香了结居住使用的坞田问题。我父亲共有亲兄弟三人,三个人共同居住,共列户籍,都没有分家,世道荒乱之中,都去世了。只有祖母在世,给我们分家。弟弟金龙过继给从伯,得到城北的坞田。我应该和孙香一起分割城西的坞田。因为孙香年纪小,刚刚胜任田间的劳作,平均分配的话,我分得的田地相对显得少了,祖母因此分割了金龙的田地六十亩给我。我与孙香平分临藁坞,另立门户,靠着山筑坝挖塘,种下桑榆杏梽。恰逢当时民众繁盛,我们和其他居民一起被列入黄籍,至今已经四十多年了。现在孙香凭空诬陷我,说我是借得他的田地寄居于此。这是假借死者的名义诬陷生者,无端生事。这件事情的真实情况,可以推究考校查清。如果事实和我上述陈述不一致,我愿意以一套马具和铠甲入官作为惩罚,陈述完毕。"

建兴元年(223年)十二月七日,居民孙金龙对质道:"我要了结庶从弟孙香所争田地的问题。连续遭到荒乱破毁，父母都去世了，只有祖母存在，替我们分家。因为我继养从伯，得到城北的田地，从伯已经故去。祖母分割我的田地六十亩给孙发。分家以来已经四十多年，现在孙香、孙发争田，我不清楚内情，详情可以询问我们的从叔孙丞。如果事实和我上述陈述不一致，我愿意以一套马具和铠甲入官作为惩罚，陈述完毕。"

建兴元年（223年）十二月十一日，临泽令氂移文书族长孙司马，居民孙香、孙发、孙金龙兄弟共争田地财产，来到官府各自陈述，以孙司马为证人。现抄录孙司马的证词，列在文书的右侧。孙司马是他们的宗长，应当知道这一事件的详情。移文到达后，详细开列孙香兄弟剖分田产的券书，到本月十五日，本案必须按律令得到判决。

建兴元年十二月十五日户民孙丞陈述道："户民孙香、孙发讼田，我是宗长，理应知道事件详情。"孙香、孙发本来各自有田地，孙香父亲兄弟三人孙蒙、孙弘、孙翘，都已去世。现在我作仲裁人，让孙香自继其父孙蒙。祖母在世时让孙发的子女作为孙弘的后人，这件事没有券书，这是孙香不知道的。唯独孙翘没有子嗣，现在划割香、发田各四十亩和坞舍给选择出的亲属一人作为孙翘的后人。仲裁人签字画押，请官府审理并惩罚孙香、孙发不服从安排的行为。

临泽县户曹掾史王匡、董惠写报：居民孙香、孙发、孙金龙共争田坞，互相虚构事实争夺田产。我没有询问他们的从叔孙丞，移文要求孙丞陈述事实。现在孙丞移文来报："孙香、孙发原先各自有田地，孙香父亲兄弟三人孙蒙、孙翘、孙弘都已去世,现在我作仲裁人,让孙香自继其父孙蒙。祖母在世时让孙发的子女作为孙弘的后人,这件事没有券书,这是孙香不知道的。唯独孙翘没有子嗣,现在划割香、发田各四十亩和坞舍给选择出的亲属一人作为孙翘的后人。"孙香、孙发陈述内容和孙丞的评判一致,并签字画押。孙香、孙发兄弟不和,回去后又相互诬言,不服从官府和宗长的处分安排,到官府言语纷纷,打起长久的官司,请求用官法来判决。现在请上级允许我们对此事作如下处理:罚孙香、孙发受鞭杖各一百五十下,惩罚孙香、孙发服一个月的劳役,其余的事都依照孙丞的意见办,移文使孙香、孙发每人出田地四十亩及坞舍分给孙翘的继嗣。另外,金龙没有参与争讼,田地为孙香所认。孙香因争讼已经受到惩处,其指认金龙田地一事,可以不再追究。

这份简牍文书几乎是完整地记录了西晋晚期一次民事经济纠纷案件的审理过程,对于两汉魏晋南北朝时期的经济史研究,具有无可替代的史料价值。整个简册分为六部分:(1)十二月四日孙香诉状。(2)十二月六日孙发供词。(3)十二月七日孙金龙证言。(4)十二月十一日县令给孙丞的移文。(5)十二月十五日孙丞回复县廷的意见。(6)县户曹掾史所拟判决意见。尤其是简文反映了西晋占田制,说明西晋民间的占田,并非仅始于占田令颁布,而是早已有之。占田制并非国家授田,更类似于"限田"。简文中所争议的田产,明确记载是继承于其父祖,从兄弟分产至建兴元年(223年)争讼发生,文中却始终未提及有任何国家授田事件的发生。占田制下的田地,并非国有公田,而是私有田地。简文中香、发兄弟所争议的田产,先后经过了继承、分割、买卖、转让等诸种处置,这些过程或有券书,获官方承认和保护,或由宗族作出决定,官方予以认可。充分证明了当时田地的私有已是公开和明确的事实。同时,这份爰书为我们展示西晋时期我国基层民事纠纷解决的样式,即西晋时期虽存在诉讼盟誓,但并没有发挥实质性的作用,民事纠纷注重调解,充分发挥了基层组织的作用。而且宗长孙丞的意见直接影响了本案处理结果,县廷判决基本上采纳了他的意见。

本案中涉及的孙家人可图示如下:

祖父+正妻(祖母)+妾(祖母)
孙发父　　　孙蒙、孙弘、孙翘　　　　族长孙丞
孙发、孙金龙　　孙香

> 图5-2-1　临泽晋简田产争讼案中孙家家庭关系图

2004年4月下旬至6月上旬,长沙市文物考古研究所在长沙市东牌楼建筑工地第七号古井发掘出土426枚简牍,其中有光和六年(183年)监临湘李永、例督盗贼殷何上言李建与精张诤田自相和从书,这是一起典型的亲戚之间因土地或余财等遗产的继承而引发纠纷的民事案件。[①]夺田主谋精张是李建母亲精娅新叔父,李建之外叔祖。从谋精普是精娅的堂兄弟,也是李建的堂舅。

光和六年九月己酉朔十日戊午,监临湘李永、例督盗贼殷

[①] 长沙市文物考古研究所、中国文物研究所编:《长沙东牌楼东汉简牍》,北京:文物出版社,2006年,第73—74页。

何叩头死罪敢言之。【1】中部督邮掾治所檄曰:民大男李建自言大男精张、精普等。母妪有田十三石,前置三岁,田税禾当为百二下石。待丧葬皇宗【2】事已,张、普今强夺取田八石;比晓,张、普不还田。民自言,辞如牒。张、普何缘强夺建田?檄到,监部吏役摄张、普,实核田【3】所,畀付弹处罪法,明附证验,正处言。何叩头死罪死罪。奉移檄辄径到仇重亭部,拷问张、普,讯建父升,辞皆曰:【4】升罗,张、普县民。前不处年中,升娉娶张同产兄宗女妪为妻,产女替,替弟建,建弟颜,颜女弟条。普则张弟男。宗病物【5】故,丧尸在堂。后妪复物故。宗无男,有余财,田八石种。替、建皆尚幼小。张、升、普供,丧葬讫,升还罗,张、普自垦食宗【6】田。首核张为宗弟,建为敌男,张、建自俱为口,分田。以上广二石种与张,下六石悉畀还建。张、普今年所畀【7】建田六石,当分税。张、建、普等自相和从,无复证调,尽力实核。辞有后情,续解复言。何诚惶诚【8】恐,叩头死罪死罪敢言之。【9】监临湘李永、例盗贼殷何言实核大男李建与精张诤田自相和从书。诣在所。【10】九月其廿六日若(诺)。【11】(第1001号)

"弹"即"弹治"或"弹压",指用法律弹压处置。"畀付弹处罪法"意谓交付并处以罪法。"正处以闻"即正确地处理所闻之事。"年中"意指中年、壮年。"不处年中"指未到中年,年轻的时候。娉,傲慢。丧尸,指人的尸体。广,指广平之地。"自相和从",就是私了。

这实际是一件关于民事诉讼可以"私了"的案卷。然而,当时民事诉讼,法律是否允许"私了",不是特别清楚。

本案中的诉讼人为临湘平民成年男子李建,作为本案控方代表,并不意味着李建是母亲精妷在自己娘家当地田地财产的唯一继承人。实际上也不难判断,如果李建胜诉,则全家人包括李升及儿女们都是受益者。且已成年的李建作为家中的"嫡长子"既有责任也有资格代表全家提起诉讼,更何况从策略上考虑,以嫡长子的身份出面讨回母亲留下的田产,更容易获得司法同情和舆论同情,从而增加胜算。

李建控告成年男子精张、精普等人,在李建外祖父精宗丧事办完后,强行夺走他母亲精妷十三石田中的八石田。李建曾希望说服他们主动还田,但经过多次交涉劝说,对方拒绝还田。

监部吏役殷何接到中部督邮的檄书,就直接来到仇重亭的所在地,拷问精张、精普二人,并审问李建的父亲李升相关情况。

李升是罗县人,在年轻的时候,娶临湘县精张的同胞兄长精宗的女儿精妷为妻,生下大女儿李替、二个儿子李建、李颜以及小女儿李条。本案中李升是不是赘婿还有待进一步考证。虽然本案中李升没有出面提起诉讼,在分田的和解协议中也没有提及李升。

精普则是精张弟弟的儿子。精宗因病去世,尸体停在厅堂。不久之后,精妷又死了。精宗没有儿子,留有遗产及田八石。李替、李建都还年幼,故由精张、李升、精普三人处理精宗的丧事。丧事处理完毕,李升回到罗县,精张、精普却擅自耕种精宗留下的田地。

在审理官员的调解下,精张、李建双方自行协商,按照双方的人口数,瓜分田地。八石田中,广平之地二石给精张,低湿之地六石今年交还给李建,田税由精张、李建、精普等分摊。因为这些土地当年仍是由精张、精普负责耕种,虽然李建收回了田地的所有权,但精张、精普二人付出了劳动,因此双方达成协议,共同享有收益,按照一定比例进行分配。李建放弃索取前两年田地的收益,既往不咎,双方达成和解。

本案中涉及的当事双方关系可图示如下:

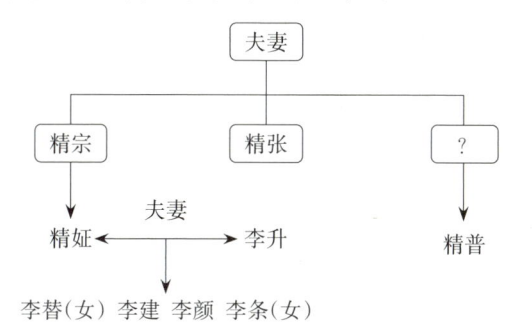

> 图5-2-2　长沙东牌楼东汉简田产争讼案中涉案人员关系

当事双方之所以愿意和解私了,一是当事双方是亲戚。在精宗、精妵死后,李升返回罗县,李建一家只有尚幼的四人,缺乏自食其力的能力,且在家庭中属于弱势群体,日后生活中可能还需要精张、精普等人的帮助,当然见好就收。而临湘官府的干预是促成当事双方和解的关键因素。

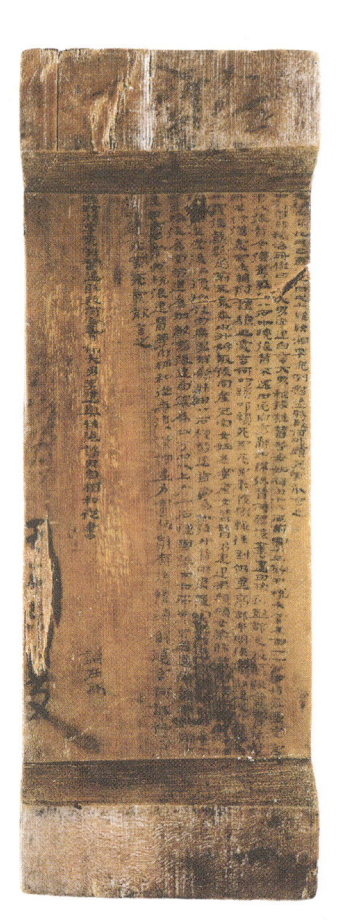

> 图5-2-3　长沙东牌楼东汉简1001号①

① 引自《长沙东牌楼东汉简牍》第34页彩版二。

三、地下有知：
汉代简牍中的告地书

告地书是汉代至南北朝时期特有的一种丧葬文书，又称"告墓牍""告地策（册）"等，主要内容是死者家属或死者申请将户籍迁移到地府的报告，它由地方官员向上级官员呈报，再转交给地府官员备案，其文书送达对象一般为地下世界虚拟的官吏。

告地书（策）反映了人们对地下世界的想象，寄托着墓主人企图安居于地下的愿望。这种文书大都是在湖南、湖北、江苏等地的少数墓葬中发现，具有一定的地域性特点。[①]目前出土两汉魏晋南北朝时期的告地书有15种。

1980年4月中旬，江苏省扬州市邗江县（今邗江区）西湖公社胡场大队胡场五号汉墓出土两块木牍，是王奉世告地书（策）。[②]

卌年十二月丙子朔辛卯，广陵宫司空长前、丞□敢告土主：广陵石里男子王奉世有狱事，事已，复故郡乡1里。遣自致，移诣穴。卌八年，狱计承书从事，如律令。2

[①] 张文瀚:《告地策研究述评》,《中国史研究动态》2013年第1期, 第5—12页。
[②] 扬州博物馆、邗江县图书馆:《江苏邗江胡场五号汉墓》,《文物》1981年第11期, 第12—20页。

土主，指主管当地土地的地府官吏或鬼神。木牍文意是：四十七年十二月丙子朔辛卯（宣帝本始三年十二月十六日，前71年），广陵宫司空长前、丞□移书土地神：广陵石里男子王奉世有狱讼之事，现在他已经死去，返回故乡安葬。此移书由王奉世本人带入墓穴作为证明。四十八年，负责狱计的官吏接到文书后，按律令办理。

告地书的主要行文要素有：（1）起首都有具体的时间记载。（2）都有专门的官吏负责呈报。（3）都有"敢言之"这类的上行文书用语。（4）都有"地下丞""安都丞"之类的报告对象。（5）报告的内容大都是名籍和随葬的侍从、奴婢和车马、器物清单。（6）都有"受数""书到为报""受数毋报"的公文用语。（7）最后有文书书写者的署款。从这些行文格式我们可以看出，这种丧葬文书的行文格式与秦汉时期官府文书中的上行或平行文书的程式基本相同，只是报告的对象和内容不同而已。[①]

告地书反映了汉魏时期当时社会对于阴间的想象，死者需要像在阳间一样出示通关文书，才能顺利由阳间迁徙到阴间，获得在冥间生活的合法权。

谢家桥一号汉墓出土西汉吕后五年（前183年）[②]告地书，其内容为：

[①] 陈松长：《告地策的行文格式与相关问题》，《湖南大学学报》2008年第3期，第21-22页。

[②] 荆州博物馆：《荆州重要考古发现》，北京：文物出版社，2009年，第191页。

五年十一月癸卯朔庚午，西乡辰敢言之：郎中五大夫昌自言，母大女子恚死，以衣器、葬具及从者子、妇、偏下妻、奴婢、马牛、物、人一牒，牒百九十七枚。昌家复无有所与，有诏令，谒告地下丞以从事。敢言之。(牍1)十一月庚午，江陵丞虎移地下丞，可令吏以从事。臧手。(牍2)郎中五大夫昌母、家属当复无有所与。(牍3)

西汉吕后五年（前183年）十一月二十八日，西乡辰向江陵县丞呈报：郎中①五大夫昌为死去的母亲恚申请迁徙地下，将其衣服器物、葬具以及墓主的子、女及家内正妻之外的妻室以及家用奴婢、车辆及马牛，每人、每件物品写一枚简，共一百九十七枚。免除昌家的徭役负担，请求地下丞按诏令办事。吕后五年十一月庚午这一天，江陵县丞批准申请并移交地下丞，让阴间小吏来办理此事。经手人臧。郎中五大夫昌的母亲、家属应当免除徭役负担。

此件告地书中辰请示地下丞免除亡者家属的算赋和徭役，并不一定是完全虚构的，也可能是现实生活的反映。

---

① 郎中，王贵元认为是"主葬郎中"的简称，指主持葬仪之人，是汉代主持葬仪这一职务的专用名称。见王贵元：《谢家桥一号汉墓〈告地策〉字词考释》，《古汉语研究》2010年第4期，第57页。

> 图5-3-1 谢家桥一号汉墓出土告地书①

2014年9—12月，湖北省文物考古研究所和随州市曾都区考古队联合组队对湖北省随州市曾都区周家寨墓地进行了抢救性发掘，其中M8汉墓出土了M8:66长方形木牍，内容是《告地书》，时间为汉武帝建元元年（前140年）或元光元年（前134年）。内容如下：

元年后九月丙戌，桃侯国丞寿成：都乡佐疵：高里公乘路平不幸，从车一乘、马二匹、奴婢十人，各将千石米，谒告地下丞。以律令从事。②

---

① 引自荆州博物馆：《湖北荆州谢家桥一号汉墓发掘简报》，《文物》2009年第4期，第36页图二三。
② 湖北省文物考古研究所随州市曾都区考古队：《湖北随州市周家寨墓地M8发掘简报》，《考古》2017年第8期，第3—21页。

第五编　以人为本：简帛法制文书的人文精神

告地书的内容及行文格式证明在汉代人们心目中的地下世界具有与人间同样严格的户籍登报制度，迁徙时也需要完备的通关文书，墓主人的去世也不过只是在阴阳两界的迁徙。死者亲属不仅仅是希望死者在地下世界过上富足的生活，更是富贵的生活。

> 图5-3-2　周家寨M8西汉墓出土告地书[①]

告地书作为地下主吏通告亡人户籍及其所携带随葬财产（包括奴婢）的文书，到了东汉记录更为详尽的买地券开始取代告地书成为丧葬文书的主体。买地券主要强调墓地归死者所有，是通过向鬼神购买藏地的方式以求得地下鬼神的接纳，是地下亡者的房产证明，这与强调死者户籍的告地书有很大不同。告地书仅仅是将死者从阳间移送到阴间，说明相关信息即

[①] 引自《考古》2017年第8期，第15页图四七。

可，还没有向鬼神购买土地的想法。作为随葬明器的买地券反映了东汉社会对于阴间世界想象的进一步丰富。

随着道教思想的不断发展变化，魏晋时期的告地书也有所变化。此时期的告地书主要内容有：一是宣告墓主身亡需要进入阴间世界开始新生活；二是警告亡者所过道桥津梁的冥间鬼神官吏不得刁难阻拦；三是强调生死永隔；最后，为了保证以上内容合法有效，署名契约见证人。可以说，告地书或多或少有买地券、镇墓券的影子。道教极其重视现世利益，在送葬亡者的告地文书中无不强调生死永隔，以保证生人不受干扰。文书中虚拟夸大的数字，其实质也是为生人祈福，保证后世子孙利禄双收。最终实现了道教为生者祈祷求福、攘除灾祸的目的。[1]

从遣策到告地书，再由告地书到买地券，丧葬文书经历了记载随葬物品的遣策—由阳间迁徙到阴间的通关文书—向鬼神购买土地的买地券几个阶段，这一历程如同一面镜子，照出的不仅仅是丧葬习俗的改变，更多的是从侧面体现了政治关系、阶层观念、社会心理及风俗习惯等一系列的变化。告地书作为遣策与买地券之间的过渡形式，在古代丧葬文书的发展历程中具有承前启后的重要地位。魏晋以后，告地书逐渐消失，而买地券与镇墓券则作为不同功能的丧葬文书一直在民间使用。

---

[1] 陈松梅：《河西地区魏晋告地文书中道教思想考释》，《敦煌学辑刊》2009年第1期，第103页。

结语

目前所见出土简帛法律文献的主要类别有律令、案件汇编、司法文书、司法档案等，体现了当时人们的法治观念、法律思想，也是战国、秦、两汉、三国魏晋历代法制实践的总结，弥补了传世典籍关于法律记载比较笼统的缺憾，为中华法律文明发展历程提供了新实证。从出土简帛法律文献可以透视当时人们的自然生态意识、男女地位、社会保障、疾病预防、社会治理、官员惩治等各方面的法律观念，结合传世文献及其他出土法律文献材料，我们更能够进一步了解当时人们的法治观念和法律制度。研究简帛中的法律文献，对于弘扬中华优秀传统法律文化、建设中国特色社会主义法治体系都具有重要借鉴意义。